U0904229

# 找回不抱怨的自己

[韩]韩京娥◎著　千太阳　陈曦◎译

*No more complaining, creating a better life*

陕西师范大学出版社

找回不抱怨的自己
Please No More Complaining

# 序言

## 钻石一样的平凡女人

10年前，我21岁时，有一次，坐在小板凳上满头大汗地加工一块粗糙的水晶，期望它能像钻石般绽放出张扬的华彩。然而，我磨了又磨，水晶的身体被研磨机变得越来越小，光芒也越来越黯淡。我本期待它能成为一块宝石，却事与愿违，它最终沦落为一块默默无闻的小石头。

之后，我一直努力着，希望把平凡的自己变成如钻石般闪耀的女人，然而，却每每事与愿违——我和别人一样付出了千辛万苦，却始终得不到别人早已拥有的成功。有时，我的水晶，甚至已经进入化茧成蝶的蜕变，却因为某个意外原因——某个人、某件事，使我热切的希望在临近终点的瞬间，顷刻化为乌有。

我当然沮丧极了，和小说中的秀晶一样，怨天怨地怨自己，然而这些抱怨并没有给我带来丝毫好处，我依然在坎坷的事业和爱情之路上艰难前行，即使前方闪现一抹成功的亮色，却总像流星般稍

瞬即逝，然后我继续抱怨，一切周而复始。

……

我没有成功，绝不意味着我以前付出的努力都是白费——因为，生活和事业的每次失败，都是下一次成功的基石。但是，我对挫折的认识却显然不够正确，如果我把奋斗看作步步荆棘，把抱怨盘桓在心灵深处，我的身心只能是被消级情绪所环绕，又怎么可能会达到目标?

通向成功的路，应该是愉悦、快乐而轻松的。

我们要想幸福，就要改变早已程式化的负面思想，不要抱怨，而是以积极的、正面的思想去面对，预想美好的未来。

我们要想幸福，就要逮住负面情绪，释放它，再也不让它回来。当我们控制自己的思想和言语时，就迈出了主动创造生活的第一步。

当领会了这一切后，我忽然发现，我已经不是原来的我。我的人生不是命中注定的，永远不是，它只能把握在我自己手中。而开启它的钥匙，很简单：不抱怨，改变自己的态度。

意识到这一切后，我的生活，也发生了翻天覆地的改变，我以报道珠宝业的普通记者身份登上文坛，终于成为一名珠宝设计师兼畅销书作家。

《找回不抱怨的自己》中的秀晶，就是我本人生活经历的写照。开始，她并不成功，但她发现了不抱怨的秘密后，她的梦想，成为了真实的生活。

请相信我，相信秀晶。只要改变你的思想、消除负面情绪，凡是你所渴望的东西，你都有资格得到！不要再抱怨，不要再找借口，快朝梦想前进吧！即使你现在再平凡，总有一天，你也能像秀晶一样，如钻石般璀璨闪耀！

韩京娥

◎目录CONTENTS

## Part1 改变人生，从不抱怨开始！

抱怨会让我们陷入一种负面的生活、工作态度中。抱怨就是把焦点放在我们不想要的东西上头，所谈论都是负面的，出错的事情；而我们把注意力放在什么上头，那个东西就会扩大。



## Part2 接纳不完美的自己

我们说的不抱怨，不仅仅是不抱怨别人，不抱怨客观事物，也包括不加抱怨地接纳自己！抱怨自己，同样也会妨碍你的生活。只有没有安全感、质疑自己的重要性、不确定自我价值的人，才会抱怨。所以，无论发生什么，都要自爱自信，相信自己的价值！你要爱自己！

## Part3 向成功招手，向抱怨说“NO”

凡是你渴望的东西，你都有资格得到。不要打压自己，替自己找借口，或是假借批评和抱怨，将注意力转移。你要向宇宙发出愿望，并长时期进行积极的确认。



## Part4 发现生命的潜在动力

如果你想要其他人改变，你自己就必须先改变。你的态度，也就是你内在思维的外显表现，它往往会决定人们和你之间的关系。

◎目录CONTENTS

## Part5 吸取教训，比抱怨要好

如果你认识到你的每个观点、每句话，都可能会遇到反对意见，你就可以摆脱抱怨的困扰，而积极地面对人生，面对你所想要的一切。



## Part6 想要爱，就要争取爱

你是你自己的，幸福把握在你自己手里，任何人都不能代替你自己的选择。

## Part7 挫折，是超越的开端

在漫长的人生中，我们不可能事事如意，如果不喜欢某件事，就改变那件事；如果无法改变，就改变自己的态度。



## Part8 找回钻石般的自己

翻转人生的宝物，只能珍藏在你自己的心里，不可能寄托在任何人或物上。

◎目录CONTENTS

## Part9 余 音

即使你现在再平凡，总有一天，你也能像秀晶一样，如钻石般璀璨闪耀！

# Part 1
# 改变人生，从不抱怨开始

◇为什么倒霉的总是我

◇我不是钻石，只是石头

◇失业，竟是我自己吸引来的

◇抱怨，就是排斥梦想成功

# 01 为什么倒霉的总是我

我不能再迟到！

我绝对不能再迟到！

我无论如何绝对不可以再迟到！

秀晶一边告诫自己，一边焦急地向车窗外张望。

其实秀晶今天起床并不晚，只是外面忽然下雨，找雨伞花了整整10分钟。临出门时又发现新买的高跟皮鞋不能淋雨，连忙把丢到阳台的平底鞋找出来，再擦洗干净——结果，又是15分钟。

又是下雨，又是堵车！要是几天前，我也许还能蒙混过关，可是今天……为什么连老天爷都和我过不去！为什么连马路都和我对着干？为什么连收入低微且毫无兴趣的工作我都要保不住了？为什么我总遇不到好心的同事、赏识我的上司……为什么？为什么？为什么？全世界那么多人，为什么倒霉的总是我！

秀晶神情沮丧，眉头紧皱，在心里不停地抱怨着，一次比一次激动，一次比一次声音大，到最后，几乎就要脱口而出。然而，堵车长龙依然如故，只是站在旁边的中学生，惊恐地扫了她好几眼。

还好，只是中学生。要是讲究的女人，见到秀晶的形象，也许会哑然失笑吧：桶状的身材在横纹大翻领宽肩外套下更显臃肿，窄腿裤本应能弥补外套的缺陷，却被平底鞋演绎成头重脚轻；妆容更糟：深红色的口红毫无规则，更没有考虑到和粉底的搭配，把秀晶本已憔悴的面容映衬得更加蜡黄。

但秀晶已顾不得许多，她脑海里反复萦绕的，都是主管怒不可遏的神情和雷霆万钧的厉声责骂。当时，全公司的同事都认为秀晶会拍案而起，愤而辞职，没想到，她却边垂泪边乖乖坐下。

因为，秀晶虽然不喜欢这份工作，却需要这份工作——不能没有收入啊!

仅仅一年。

想当初，秀晶毕业时，何等意气风发、信心百倍！全优成绩单，英语、德语合格证，驾照和种类繁多的证书……“给我一个机会，给您一个惊喜”，“给我一个支点，我能撬动地球”，这不仅是秀晶，也是所有同学求职简历的最后一句话。职员、部门经理、总经理……当她步入职场的第一天，心中就已志在必得地描绘出未来10年的坦途。

然而，现实，是什么样的呢?

灾难。

十几年的寒窗苦读全部化为乌有，分配给秀晶的全部工作，是初中生都能胜任的人员统计、打字和礼节性的迎来送往。不需要外语，一天却要重复几十遍，甚至上百遍的礼节性寒暄。说对一千句无人表扬，说错一句，主管或同事就会恶狠狠地剜上一眼，甚至再阴阳怪气地嘲笑说：“学生……就是没有用处！”

苦挣苦熬了一个多月，终于盼来向部门经理汇报工作的机会，辛辛苦苦写的报告摆在桌上，枯站了半小时，经理却连头都没有抬，仿佛她根本就不曾存在。而复杂的人际关系，同事之间的矛盾和嫉妒，更使她苦不堪言。

我的专业呢？我的特长呢？秀晶咬咬牙，离开！

第二份工作离专业近了——尽管公司小，薪水也少了一多半。然而，派别斗争又使她头痛不已，八个人结成三派，或刀枪剑戟，或暗流汹涌。没人教她应该怎样做，反而，秀晶的任何失误，都会成为一方攻击另一方的绝好炮弹。

干脆，再跳槽吧！招聘广告怎么写的？只要你有激情，就能拥有一切！

激情，就是——就是恭恭敬敬地把名片递上去，然后，一次又一次的，眼睁睁地看着对方把名片毫不在意地扔进垃圾桶，或玩弄着撕成碎片，她还不能走，不能哭，甚至热烈的笑容也不能有丝毫改变，因为，还有下一个，下一天。

一次次失败后，只有家，才是秀晶最温馨的港湾，每次向母亲诉说委屈后，总会得到鼓励和安慰：“会过去的，我们秀晶，一定能成为一颗闪亮的钻石！”

然而，就在上个月，母亲去世了，秀晶唯一的支柱，也垮掉了……

如今，秀晶高涨的工作热情早已化为随风而去的泡沫，她应聘总务部职员的唯一理由，就是工作轻松简单。每天，她除了给同事被动地发些办公用品，写几份请示报告外，便是对着电脑发呆。即使是主管交办的临时任务，也会以各种借口推诿。本来，鉴于她写作能力出色，主管还能勉强容忍，岂料整个部门的工作风气也随之懒散起来，经常有人迟到、早退。但即使如此，当三天前主管铁青着脸站在打卡机前整肃劳动纪律时，被当场抓获的，却只有秀晶一个！

他们迟到次数也不少，为什么，挨骂的事，却会让我碰到？！

这三天里，秀晶回想起当时的情景，总会忍无可忍地抱怨几十遍甚至上百遍。

然而，即使再愤愤不平，也于事无补了，关键是如何混过今天。

不能再迟到了，不能再挨骂了，我不能丢掉这份工作……

公车终于到站，秀晶向写字楼狂奔而去，刚走进大堂，却发现一块醒目的牌子：本日9—10时维修电梯故障，请走楼梯。

天啊，公司可在28层！人要是倒霉，真是喝凉水都塞牙！

秀晶边抱怨着，边气喘吁吁、狼狈不堪地推开公司的大门，发现同事们早已静悄悄地忙碌着，她蹑手蹑脚地走向打卡机，祈祷着：神明保佑——我不会失业的……

“秀晶，到我办公室来一趟。”主管的声音从背后传来，如冰块般寒冷。

## 012 我不是钻石，只是石头

抱着私人用品从公司走出来，秀晶的大脑一片空白，毫无目标地在小街中游荡，不仅仅是失业的痛苦，更是事业人生两茫茫的凄凉和绝望。

也许主管说得对，我天生没有责任心，做什么都做不成……

也许朋友说得不错，我天生不会处理人际关系，注定只能四处碰壁……

也许初恋男同学说得有理，就我这个模样，这个脾气，只有傻瓜才会爱我……

也许塔罗牌算命就是准，我既无爱情也无事业，命中注定一世糟糕……

秀晶不再漫无目标地怨天怨地，而是将抱怨的方向转向了自己。

“您的钻石项链真美，您戴着也很好看！”

一个年轻女孩和秀晶擦身而过，她相貌平庸，笑容却像阳光般明媚。

“我？好看？你眼睛不是有毛病吧？”秀晶只是出于礼貌才没有发作，却在心里嘀咕，“明白了，她说的只是项链，捎带一句让我高兴的谎话罢了。项链是好看，我戴着纯粹是糟蹋了……”

无助的泪水顺着秀晶的脸颊滑下来，滴落在胸前母亲留给她的钻石项链上。这条项链是母亲的传家宝，吊坠两侧盘旋的黄金线条夸张柔媚，把不规则闪烁的钻石映衬得熠熠生辉。

母亲弥留之际，颤抖着将项链挂在她的脖子上，断断续续地说：

“钻石象征恒久……纯洁无瑕的灵魂，还有……坚定的爱，妈妈……希望你的一生……也能像钻石一样……闪耀……灿烂的光辉。”

曾经，她是多么希望拥有这条项链啊！记得小的时候，每次她缠着母亲要项链时，母亲都舍不得给她，连叫几声“好妈妈”，再亲一下，母亲才会小心翼翼地将项链摘下来，轻轻地捧在手上。

“钻石，可是个神奇的宝物啊！几十亿年前，它只不过是块丑陋的炭块，经过了火山喷发，经过了熊熊烈焰和无边压力的历练，才如同火中涅槃的凤凰，成为璀璨的钻石。其实啊，在我们每个人的心中，也都埋藏着这样的炭块。要是你能把它从心中掏出来，然后勤恳地去精雕细琢，用高温去冶炼它，用岁月去研磨它，你便也能变得和钻石一样璀璨。然而，你要是好吃懒做，不思进取，你心中的炭块就永远是炭块，你的人生，也同样会普普通通。妈妈天天为你祈祷，就是希望我的秀晶快快长大，长成一个像钻石一样美丽动人，而且坚强自立的好姑娘！”

现在，项链终于属于她了，母亲却已撒手人寰……

“要不是妈妈走得早，也许，我还不至于到这步田地，这都是天意吧……”

秀晶再次抱怨道，凄楚的泪水也再一次纵情流淌。她匆忙用手绢抚去落在钻石上的泪痕，才迷迷糊糊地反应过来，右手手指上佩戴的青金石戒指也是母亲的遗物。

青金石戒指戒面很宽，表面刻着乌黑的大眼睛，瞳孔中央，精心镶嵌着一颗如海水般晶莹的蓝宝石，上面星星点点地散布着金黄色的颗粒，“它叫青金石①，”母亲边说着，边把戒指慢慢地戴到秀晶的中指上，“青金石是受神保佑的宝石，它会帮助你克服困难，激励你一路向前。”

“可我不是钻石，不是宝石，甚至连玻璃都不是！我只是一块石头，没有爱情，没有工作，没有亲人，总之，一无是处！”

秀晶再次泪流满面，还好小巷中没有行人，她索性把脸埋在屋檐下的阴影里，毫无顾忌地大哭起来。

然后，仿佛过了整整一个世纪，或者，只不过三分钟而已。

“你有一条很好的项链，可是，这项链却在排斥你。”

小巷深处，突然传来了一位老人空灵且富有磁性的声音。

秀晶着实被这突如其来的声音吓了一大跳，放眼四周，才发现这条小巷有些奇怪，没有店铺，没有小摊，甚至没有灯光，没有狗吠，只在数米外有间低矮的小房子，声音就是从那里传来的。

她循声而去，推开小门，一位身着传统韩服、面目慈祥的老奶奶出现在她面前。老奶奶凝视着秀晶胸前的钻石项链，意味深长地说道：

“我最近每天晚上做梦的时候，都会梦见你这条项链在苦苦地找我，指引我来到这里。然后，我便在这里遇见了你！你知道这条项链为什么找我吗？我能听懂它的话。它说——你根本没有资格当它的主人！”

老奶奶的话犹如当头棒喝，让秀晶一脸错愕。但老人却继续直言不讳：

“这条项链的旧主人，是个完美的女人！她容貌并不艳丽，却果敢、自爱、顽强，像一颗璀璨的钻石。虽然，如今她已离开人世，但她坚定的意志，已赋予了钻石神奇的力量。”

“您说的……就是……我的妈妈！”秀晶又一次潸然泪下。

“可是，正因为如此，这条项链不愿意和你在一起。”老人上下打量着秀晶，声音逐渐柔和：“孩子，别哭，我知道你很伤心，可我又不得不跟你说实话。项链说，要是你还是现在这个样子，它就会在不久的将来变成碎片！我知道，这是你妈妈最心爱的东西，可是，你也不希望它毁掉吧？不然，把它交给我好吗？”

“会变成碎片？”秀晶担心地捧起项链，心中充满恐惧，最终还是摇了摇头。

“不！我当然不愿意钻石毁掉，但这是妈妈留给我的最宝贵的东西，我绝对不能交给任何人！”

“你想永远拥有它吗?”

“当然！”

“那就……只有一个办法了。”

“什么？”秀晶仿佛溺水时抓到了一根救命稻草。

“就是，你也成为如钻石般的完美女人！”

“哦。”秀晶的情绪立即低落下来，轻声咕哝着，“这不可能。我今天刚失业，25岁了，连个男朋友也没有；买彩票，连末等奖都没中过……反正，我是没指望了。”

“这些，我刚才都听到了。”老人依旧注视着秀晶。

“不过，你有没有想过，你生活中的种种不顺心的事，也许都是你自己吸引过来的？都是你自己的思想创造出来的？”

**注 释**

①青金石：一种不透明的蓝色准宝石，常见颜色是略深的微绿蓝色及紫蓝色。青金石色是藏传佛教中药师佛的身色，常戴可保佑平安健康、无病无灾。同时，青金石还是古老的玉石之一，在公元前数千年的古埃及，青金石与黄金价值相当。我国古代则把它称做“暗蓝星彩石”，研制成化妆品来描眉，或把它的片制成镶有珍珠的屏风。

## 03 失业，竟是我自己吸引来的

“这怎么可能！”秀晶脸涨得通红，“难道丢掉工作，也是我自己愿意的吗？”

“我非常理解你现在的心情，可是，至少从我的角度看，你生命中所发生的一切， 都是被你心中所保持的‘心像’吸引而来，你所得到的一切，就是你所想的。无论你心中想什么，你都会把它们吸引过来。换句话说，你的想法创造了你的生活，而你的话语又表明了你的想法。 ”

“您说的到底是什么啊？”

“举个简单例子。”老人举起一块磁铁：“大家都知道，磁铁之所以会吸引铁制品，是因为它有吸引力。而你，就是宇宙中吸引力最强的磁铁！要知道，思想是具有磁性的，并且有着某种频率，当你思考时，那些思想就会被发送到宇宙中，然后，吸引所有相同频率的同类事物。也就是说，你的思想会变成实物，你身边发生的一切事物，都是你吸引过来的——有人称它为吸引力法则。其实，我们拥有的一切都是自己造成的，可是只有成功者会这样承认。”

“什么鬼法则！我可没吸引堵车，吸引迟到，吸引失业！”秀晶心里埋怨，表面却不动声色。

然而，老人似乎读懂了秀晶的心思。

“孩子，我知道你现在不接受，甚至不相信，这没关系。这样吧，我有个能翻转你人生的宝物，会让你告别抱怨和痛苦，得到快乐的生活，甚至得到你想要的一切，不过，你必须要付出努力。你能做到吗？”

“我能做到！”秀晶用力点头，实际却是半信半疑。

老人微笑了一下，从怀里掏出一个黑丝绒的小包，倒出一颗如火焰般鲜红的红宝石。在它澄澈剔透的晶体深处，竟还隐藏着一颗闪闪发光的小星星，在红宝石的衬托下，散发着深邃而又耀眼的光芒。

“这块宝石名叫‘星红宝石’，有翻转人生、帮你实现梦想的神奇力量。只要你相信它、依靠它，它就能帮你实现一切愿望。”

秀晶有生以来第一次直视如此绚烂的宝石。

“但是，没有任何事物能翻转人生，即使是再昂贵再稀有的宝石，也不例外。”秀晶想。

毕竟，秀晶不是那种一见珠宝就意乱神迷的女孩。

“你想得没错。”老人似乎能读懂秀晶的心，“在这世界上，确实没有给不劳而获者改变人生的宝物。但是，如果你有着强烈的愿望，并付出全部努力，一切就都有可能。要不，你先试试好吗？当你抱怨的时候、沮丧的时候、不自信的时候，甚至任何心情不好的时候，只要多摸摸星红宝石，你的情绪，也许就会慢慢愉快起来，你的工作和生活也许就会由此而改变，甚至，你也许就会如愿以偿地成为钻石女人——就像你一直期待的那样！”

“这怎么可能！”秀晶用手指小心地轻点了一下星红宝石，除了冰凉，什么也没有感觉到。再用力握了一下，也同样没有反应。

“想让星红宝石发挥神奇力量，还要加上你的力量、我的力量才行。”老人拉过秀晶的右手，把星红宝石放在她的手心里，“我把宝石借给你一年，这期间，你只要常来我这里多聊聊，就会心想事成，然后，你把它还给我就行！要是一年后你的人生还是没有建树，它就归你了，算是我耗费你时间的一点补偿。”

“不行！不行！不行！”秀晶把右手闪电般抽了回来，仿佛手心里的不是宝石，而是烧得通红的铁板，“这么贵重的东西，怎么能给我！我除了妈妈的项链和戒指，连最便宜的水晶都没敢买过！我常丢三落四，要是丢了怎么办?我常磕磕碰碰，要是摔了怎么办?我常马马虎虎，要是腐蚀了怎么办？”

“那么，你认为你自己根本没有资格拥有这块宝石了?”老人追问道。

“这……”秀晶一时语塞。

“孩子，自从你走进这间小屋，诸如‘我不行’之类的话，已经说了不知多少次了。”老人的声音非常缓慢，“你为什么总这样说自己呢？你真的就没有任何优点吗？你说你今天失业了，能告诉我究竟是怎么一回事吗？”

“我真的不想丢掉这份工作……呜呜……”老人的话，揭开了秀晶内心深处最惨痛的伤疤，她一边哭，一边大声诉说起来。老人静静地听着，直到她由大声号啕变成低声抽泣，才用手绢擦去她脸上的泪痕。

“那么，你在路上的时候，一直对自己说，不要迟到、不能失业了？”

“是啊，可还……”秀晶叹了口气。

“那你在说这些话的时候，一直想的是什么呢？是等天气放晴出去旅行，还是晚上到购物中心买最喜欢的衣服，再美美地吃客五成熟的牛排？”

“我怎么会有那种闲情逸致！”秀晶大喊起来，“我满脑子都是主管对我发脾气的样子，想着我要是再被抓住该怎么办，我好像已经看见我自己被pass掉，抱着东西在街上闲逛——和现在一模一样。”

“其实，这就是吸引力法则，也是你抱怨的直接后果——你所想的，就是你得到的！”

# 04 抱怨，就是排斥梦想成功

“什么？”秀晶完全被老人的话弄糊涂了。

“我刚才说，吸引力法则，就是吸引自己想要的东西，但它并非只是吸引正面的东西。任何事物，只要是你想要的，并把焦点置于其上，吸引力法则就会准确无误地把你想要的事物给你。然而，当你把焦点放在你不想要的事物上时，也是同样的道理。如果你抱怨，就会遇上更多想要抱怨的事。这是行动上的吸引力法则。当你抱怨时，就是用不可思议的念力，在寻找你自己说不要，却仍然吸引过来的东西。”

“不可思议的念力？”秀晶听得云山雾罩，眼前浮现出科幻片的情节。

“我说复杂了，其实很简单。”老人注意到秀晶的疑惑，“比如，你刚才对我说，今天早上，你一直对自己说‘不要迟到’，却反复想着迟到的种种恶果，反复抱怨着老天爷、马路、同事、上司都跟你过不去。

你的话语都是在讲述你不想要的东西，而不是你想要的东西，你把思想的焦点都放在不如意的事情上，抱怨的都是负面的、出错的事情，结果，你想的那个东西只会消散，你反而得到了你根本不想要的东西。”

“是吗？”秀晶时而迷惑，时而清醒。

“您这么说，似乎也是……我上次好不容易到五星级饭店参加鸡尾酒会，特意花一个月薪水买了件又轻又软的淡紫色薄纱晚礼服，好多精致的蕾丝啊！我知道我自己不行，就反复提醒自己说，我这么笨手笨脚、这么不会爱护东西，这么高级的衣服要是弄坏了，可就亏惨了！结果，本该轻松的酒会让我像参加高考一样，精神高度紧张，连可乐都没敢喝！结果，眼看酒会就要结束了，董事长竟脚下一滑，把半杯红酒都泼在我的裙子上！我还不敢让他赔！”

秀晶现在回忆起那件可怜的晚礼服，还忍不住想为它开一场隆重的追悼会。

老人点点头：

“这就是思想的能量。你会吸引那些符合自己思想模式的事物，并同时排斥不协调的事物。而你的言语将表明、强化、巩固自己的想法。所以当你抱怨时，其实是在排斥自己指名想要的东西，你的抱怨会推开、驱逐你说你想要的东西。然后你抱怨这些新事物，又引来更多你不想要的东西。你陷入了‘抱怨轮回’——结果自然会和初衷南辕北辙。”

“可是，再遇到这种情况，我该怎么办？不想根本不可能啊！”

“很简单。人生来都是不抱怨的，只有经历了不幸的事情，才学会了抱怨，也从此开始了抱怨的恶性循环。要知道，幸福的人都是不抱怨的，我们要想幸福，就要改变负面的思想和语言，不要抱怨，而是以积极的、正面的思想去面对，预想美好的未来。要知道，我们的言语有着强大的力量，当我们改变自己说的话时，就会改变自己的人生。”

“真的？”秀晶越听越聚精会神。

“是真的。”老人的语气相当肯定，“比如，你把‘不要迟到’改成‘要按时到达’，把‘不要慌张’改成‘保持冷静’，把‘不要忘记’改成‘记得想起’，这时候，你的心灵深处就会产生积极的心灵感应，使你也会自然而然地得到想要的东西。当你不再抱怨，不再去注意负面情绪时，你的人生也会像花儿般绽放。”

“您的意思是说，如果想着 ‘不要迟到’，就要立即改成‘我要按时到达’？”秀晶有所感悟。

“非常好！你的理解能力很强。”老人边鼓励边循循善诱，“如果你正在上班路上，想着‘我要按时到达’，还会怨天尤人、着急、烦躁、不安吗？”

“好像……心里应该舒服不少吧。”

“这就是说，当你不再抱怨时，你的情绪也产生了转变。”老人笑了，“继续保持这种感觉，好吗？现在你摸摸星红宝石，想想如何逮住你的负面情绪，然后释放它，再也不让它回来。当你控制你的思想和言语时，你就迈出了主动创造生活的第一步。”

“我试试……”秀晶心里有些忐忑，但还是按老人的指示紧握星红宝石，努力把脑海中的抱怨和负面情绪清走。

“好像……有点作用。”秀晶说。虽然大脑里仍有好几个不听话的宝贝挥之不去，心情还是放松了许多。她想把星红宝石还给老人，却被老人推了回来。

“星红宝石的神奇力量已经开始显现了！有了它的护佑，你的人生就会翻转，你就有可能得到任何美好的、你想要的东西。明天，你就将度过快乐的一天，然后，开始崭新的生活！”

“明天？”秀晶的眼睛里又失去了神采，“明天我就在家闲着了。”

老人紧握住秀晶的手，仿佛一股暖流通过秀晶的全身：“好好想想，你抱怨的事真的那样严重、那样无法面对吗？明天，难道一点都没有值得期待的、让你快乐的事情吗？”

“是啊……我明天再也不用上闹钟，不用在公车里挤得满头大汗，不用再做自己根本不喜欢的无聊工作，不用担心主管的脸色，不用在饭馆排长队买工作餐，啊！不对……”秀晶刚兴致勃勃地说了一大串，才发现自己又错了，“明天我想什么时候起床就什么时候起床，然后上网聊天，或者写我喜欢的美食博客！下午两点餐厅没人了，我再从从容容地在音乐声中吃饭。或者，到超市买材料自己做，既省钱又能来个DIY！”

天啊！原来失业竟然有这么多好处！

秀晶呵护备至地把星红宝石放在丝绒口袋里，再高高兴兴地把丝绒口袋放进手提包。暮色降临，小屋更加昏暗了，但秀晶的内心深处，却比任何时候都敞亮！

“谢谢奶奶！谢谢星红宝石！我明天再来！”秀晶一蹦一跳地走出了房门，还边走边招手。

她不会听到老人心中说的话：

“孩子，如你所想，星红宝石是没有翻转人生的魔力的。但我现在，已看到了一颗更明亮更灿烂的钻石！凡是你所渴望的东西，你都有资格得到！不要再抱怨，不要再找借口，快朝梦想前进吧！”

# Part 2
# 接纳不完美的自己

◇要梦想成真，先确定目标
◇我想要的，必然要得到
◇爱自己，接受自己
◇解开抱怨的“魔咒”
◇礼貌≠以貌取人
◇摒弃抱怨，学会欣赏

## 05 要梦想成真，先确定目标

棉花糖般洁白松软的云朵向远处飘去，天空再次阴暗下来。细密的小雨或轻拍窗棂，滴答滴答；或落在水池里，荡起朦胧而氤氲的雾气。

秀晶悠闲地坐在甜点屋里，用小勺轻搅着卡布其诺，任由轻柔的奶油陷入咖啡的香浓。实在无所事事，她便将目光投向窗外，欣赏公车站上衣着优雅的男女们如何在雨中瑟瑟发抖，如何连声抱怨，甚至发出恶毒的咒骂。

这不是秀晶的第一次失业，却是失业后，第一次发现生活竟如此美丽！

要是，从此再不用工作，该有多好！

昨天，秀晶在老人的小屋里，也是这样说的。

“你能不再怨天尤人，尽情享受自由自在的乐趣，这很好。”老人拉着秀晶的手：“不过，抛开生活需要不说，难道你就希望一辈子晃下去吗？”

“没准儿，我能嫁个有钱人，或者，中张大彩票……”秀晶明知这种白日梦的实现概率微乎其微，还是怀着一丝丝难以言喻的憧憬。

“即使这样，星红宝石也不保佑想不劳而获的人，是不是？”老人并没有嘲笑秀晶，“更何况，只有你成为自强自立的钻石女人，项链才会一直属于你啊！”

“那……我现在就找工作！我一定能找到最挣钱的工作！什么工作好呢？”秀晶低头沉思了片刻，“就卖保险吧！听说很多亿万富翁最初都是保险业务员！”

“你卖过保险吗？你喜欢卖保险吗？你真心希望自己在保险业出人头地吗？”老人一句句地追问道。

“不。”秀晶声音低了下来，到后来，连她自己都听不见了。

“不要说卖，我连一份保险都没买过……我根本不知道保险是怎么回事，别人讲我也不想听……就是都说做这个赚钱……”

“那就是说，这工作不是你想要的。”老人一语中的。

“可是，您不是说，只要有强烈的愿望，就能吸引到任何想要的东西吗？”

“孩子，要想实现你的梦想，你先要知道梦想的盒子里需要装什么，然后再付诸行动。如果你只是为了钱去做你不喜欢、感觉不好的工作，你就会再次陷入抱怨和负面情绪的泥潭中，你的抱怨就会推开、驱逐你说你想要的东西。和你说‘不要迟到’却仍然迟到是一个道理。”

“可我还是不知道自己想要什么……”

“那换个方向，什么是你不想要的呢？比如，你在零下20℃的风雪里步行了两个小时，又冷又饿，好不容易走进一家小饭馆。老板说，店里只有三样菜，蔬菜沙拉、鳗鱼饭、冷面，这些应该都不是你最想吃的东西吧？”

“蔬菜沙拉根本吃不饱；我从小就不爱吃鳗鱼；冷面不错，但要是我在零下20℃的风雪里走了两个小时，好像也不行……”

“于是，老板就说，让你自己点一道最想要的菜，你会怎么选？”

“让我想想……”秀晶定了定神，“我要能吃饱的，就像面食；要最爱吃的肉，比如牛肉；要最暖和的——火锅！当然是火锅！哈，我知道了！我最想要牛肉火锅面！”

“你的领悟能力很强。”老人鼓励秀晶，“做一个表格，左面列出你不想要的东西，然后，再问自己想要什么，把答案写在右面，最后划掉左面内容，右面就是你想要的东西。现在就列个表，看看你最想要的工作是什么。不过心态可要积极，千万别抱怨啊！”

“明白！”秀晶掏出笔，在笔记本上画起来。

“我不想做与数学、会计有关的工作，我做不了表演工作，做总务部职员实在无聊，做建筑工好像太辛苦……不能抱怨，我摸摸星红宝石，嗯，好了……天啊，整张纸都满了……”

老人在旁边默默地注视着，一言不发。

“要是妈妈还在，她会喜欢我做什么工作呢？她告诉我应该做什么工作呢？唉，妈妈走得太早了，要是她在……我又抱怨了，再摸摸星红宝石……妈妈、妈妈，钻石、青金石……”

忽然，秀晶仿佛醍醐灌顶。

“我知道了！我最想要的，是和珠宝首饰有关的工作！”

就这样，秀晶饮下最后一口卡布其诺，向最近的一家珠宝店走去。

然而，万事开头难。

这天下午，秀晶再次面试失败，虽然有星红宝石的激励，也难免有些沮丧，便想找家面包房，以热腾腾的夹肉面包抚慰疲惫的身心。正张望着，几个青年男人谈笑着走了过去。

“打扰了，请问，面包……”秀晶追上最后一个男人，刚说半句，就被对方外套上的胸针所吸引。

这是个K金双层镶钻的组合型胸针。心形金底座线条明净，周边碎钻灵动蜿蜒。底座正中的菱形钻石典雅高贵，像天空般纯净，或者如同最完美无瑕的爱情。

幸福……秀晶寂寞的心扉，忽然被一种转瞬即逝的神秘力量莫名打动。

“小姐，您找谁？”男人很有礼貌，却显然有些尴尬，秀晶意识到自己走神了，赶紧说完下半句：“房，在哪儿？”

“灿秀，快点！电影要开演了！”男人的同伴催促道。

“坊？……啊！看见马路对面的花店了吗？你从花店向右数第二条小街进去，再向前走20米就到了。”

“谢谢！”秀晶匆匆跑开，甚至没敢直视男人狐疑的脸色。

刚走进花店右边第二条小街，一栋奇特的小屋便跃入秀晶的眼帘：火红的屋顶如星红宝石般鲜艳；墙体用彩虹般绚丽的马赛克装饰，充满幻想和童真；就连大门，也漆成上下一色的玫瑰红，如霓裳般令人目眩。

简直和我儿时梦境里的童话城堡一模一样！

不过，怎么没有刚出炉面包的香味儿？

当秀晶意识到问题时，已经不由自主地走了进去。

店里没有沙发坐椅，没有咖啡机，却随意散落着几个玻璃柜台和多宝阁。柜台内外，用绿松石、蓝宝石、红宝石、珍珠、琥珀、钻石等做成的首饰和工艺品散发出无数道灿烂的光芒。

柜台正上方，挂着块旧式牌匾，上面写着四个清秀流畅的汉字——“珊瑚工坊”。

原来，这不是面包房，却是一间珠宝店！

# 05 我想要的，必然要得到

“客人，您好！请问您想看点什么？”

一位衣着时尚得体的中年女人走了过来。

女人四十多岁，个子不高，身材匀称，五官轮廓精致，如波浪般翻转的发卷衬得闪闪发亮的双唇韵味十足。柔美的羊毛披肩下，隐约探出几款材质色彩迥异的项链，但并不烦冗，反而张弛有度。

秀晶不修边幅惯了，为了面试，她特意穿着一套深黑色西服裤装，并把头发在脑后盘了个髻，本已自我感觉良好，但和女人相比，却显得呆板生硬，若别人远远一瞥，保证不会猜对谁更年轻。

刚才落选时，秀晶还握着星红宝石对自己说，下次遇到珠宝店定要主动出击，可一见女人优雅的气质，顿时就自惭形秽。

“我就是，随便转转……”

早知道这么华丽的小屋竟是珠宝店，我根本就不会走进来！

秀晶一边漫不经心地东张西望，一边下意识地用手指敲着柜台。

“您请……哦？”

女人正要微笑着向后退去，却望见秀晶佩戴的青金石戒指，停住了脚步。

“客人，您的戒指非常有特点！如果方便的话，可以请您取下来，让我也有幸观赏一下吗？”

女人的请求相当礼貌委婉。

秀晶摘下戒指，女人立即取出放大镜，聚精会神地观察起来：“非常感谢您！我真没想到，竟然不出店门，便能看到红绿宝石环绕的何露斯之眼！”

“何露斯之眼？是什么？” 戒面眼睛图案竟有寓意，秀晶还是第一次听说。

“何露斯是古埃及的天空之神，他的左眼代表月亮，右眼代表太阳。古埃及传说认为，人们只要和何露斯之眼对视，就可以听到内心世界的呼唤——我在国外的博物馆和文献里，见过很多次。”

“但是，像客人您这样的‘何露斯之眼’，我却很少见到！”

“您看，戒面上有三种不同颜色的宝石。其中，用作眼珠的青金石象征夜空，小红宝石象征血液，祖母绿象征复活。传说称，如果一件珠宝的图案是红宝石、绿宝石围绕何露斯之眼中的青金石，就意味着珠宝被赋予了选择自己主人的魔力。只有遇到合适的主人，何露斯之眼才会像您的戒指这样睁开，否则，就会闭上。”

“奶奶也是这样说的！难道，我真的会成功？”霎时间，老人的声音回荡在秀晶耳畔：

——任何事物，只要是你想要的，并把焦点置于其上，吸引力法则就会准确无误地把你想要的事物给你。

——改变你的思想和语言，不要抱怨，而是以积极的、正面的思想去面对，预想美好的未来。

秀晶右手微微颤抖了一下，左手慢慢伸进衣兜。

女人把戒指转了个方向："冒昧问一下，您还有其他类似的珠宝吗？"

"有！"秀晶又掏出埋在西装领口里的项链。女人接过项链，心情更加激动。

"您项链上的花纹也是古埃及的吉祥纹样！您的钻石，也具有选择主人的神奇功力！"

钻石果真在保佑我！我该怎么办？我能怎么办？

——要想通过吸引力法则实现你的梦想，你先要知道你自己想要什么。

——当你抱怨的时候、沮丧的时候、不自信的时候，甚至任何心情不好的时候，只要多摸摸星红宝石，你的情绪，也许就会慢慢愉快起来，你的工作和生活也许就会由此而改变。

我最想要的，是和珠宝首饰有关的工作。

这间珠宝店和我儿时梦境里的童话城堡一模一样。

现在，我想要，我最最想要……

"客人！祝贺您！您是个受宝石保佑的幸福女人！请问，您是做什么工作的？"女人兴奋得满脸放光。

此时，秀晶左手已牢牢攥住衣袋里的星红宝石，她退后半步，恭恭敬敬地向女人行了个礼，把对方着实吓了一跳。

“客人，您这是……”

“请您不要再称呼我‘客人’！”秀晶一口气说下去，害怕停下来，自己就会失去勇气，“老板！您好！我叫秀晶，前几天因为……呃，因为公司倒闭，失业了。这两件珠宝是我过世母亲的遗物，我非常想在珠宝首饰方面有所成就，好一辈子守护它们，做它们引以为豪的主人！如果您不嫌弃，可以收留我做个店员吗？”

四周一片静寂，只有镶钻座钟滴答滴答的声音，秀晶感到自己的手和星红宝石一样冰凉。

女人把放大镜放在一边。

“秀晶，是吧？你读过宝石学吗？或者，上过珠宝鉴定培训班吗？”

“没有！”秀晶坦率地回答，“我对珠宝一无所知！但是，我会拼命学习！因为我知道，宝石之所以选择我，就是相信我一定能成功！我希望能在您的教导下，从零做起！”

“那么，你对薪水有什么要求呢？”女人沉吟了片刻。

“我没有任何专业知识，所以，根本没资格去谈薪水，够吃饭就可以！”

“我不知道你是否能胜任这份工作……”

“请您给我个机会试试，好吗？如果您不满意，我会立即走人！……但是，我相信我会做得很好！”

女人紧皱的眉头慢慢舒展。

“这样吧，你明天能上班吗？试用期一个月，如果不行的话……”

“谢谢老板！我现在就可以工作！”秀晶立即拿起扫帚，准备扫地。

“先放那儿，明天再说吧。”女人的语调恢复了最初的柔和，“凡事今日起，你做得很对！不过，你走进我的店，虽然什么也没买，也同样是我尊贵的客人！再说，你的套装会弄脏的！明天换身轻便衣服，先帮我彻底搞个大扫除，包括卫生间，可以接受吗？”

“明白了，老板！”秀晶神情坚毅，女人却笑靥如花。

“别总‘老板老板’地叫我了，在今天你来之前，店里就只有我一个人。叫我姐姐吧。我叫珊瑚。珊瑚是数千米深海里唯一有生命的宝石，所以我和你一样，和宝石有着一辈子的缘分哦！”

# 05 爱自己，接受自己

“整个过程就是这样！要不是有星红宝石的保佑，我无论如何也不相信，自己的运气竟会这么好！”

秀晶比画着下午的景象，兴奋地对老人述说着。

“秀晶，你迈出了通向目标的第一步，我真的为你高兴。”老人微笑着点点头，“不过，你有没有想过，今天发生的一切，仅仅是因为你格外走运吗？”

“那当然！真不敢想象，没有星红宝石我会怎么样！从店里出来我就立即买了注彩票，结果您猜怎么样——又没中！我真的太不知足了，天上掉馅饼的好事，有一次就足够了，怎么可能接二连三呢！”秀晶自嘲地做了个鬼脸。

“但是，如果你只是在店里转了转，什么也没说；或者你的语气不够坚定；或者当珊瑚追问时你退缩了……你还会得到这份工作吗？”

“这些，可都是宝石……”秀晶将脸悄悄地埋进台灯下的阴影里。

“不是的，孩子！”老人关上台灯，按下顶灯开关，屋里顿时如白昼般明亮，“你今天之所以能如愿以偿，全靠你自己的努力！”

“我自己？”

“对！我们说的不抱怨，不仅仅是不抱怨别人，不抱怨客观事物，也包括不加抱怨地接纳自己！抱怨自己，更会妨碍你的生活。只有没有安全感、质疑自己的重要性、不确定自我价值的人，才会抱怨。所以，无论发生什么，都要自爱自信，相信自己的价值！你要爱自己！”

“爱自己！这怎么行！”秀晶连连摆手，“妈妈一直说，要先人后己！幼儿园时，要是有两个苹果，一个红的，一个青的，妈妈一定会让我把青的留下，把红的给别的小朋友！长大后更不用说！每次邻居遇到困难，妈妈都会主动帮助他们；灾害捐款时，妈妈还经常会捐出半个月的薪水！”

想起善良的妈妈，秀晶的眼泪又不由自主地掉了下来。

“你妈妈是个非常优秀的女人。”老人轻抚着秀晶的头发，“不过，我让你爱自己，不是让你把红苹果留下自己享用，再故意把青苹果打发给别的小朋友，而是让你意识到：

你自己也是美丽而有价值的。你不要抱怨自己，要按自己而不是别人的标准来生活。一旦你认识到自己的价值，就不会因为别人的看法而嫌恶自己、贬低自己。”

“我对自己不满意，也算抱怨吗？”秀晶如堕五里云雾之中。

“当然是抱怨了，不加抱怨地接受自己，是自信的第一步！”老人说，“比如说，有个仪表堂堂的男人爱上了你……”

“根本不会有这种事。”秀晶干脆地打断老人的话：“除非他是拿我寻开心。”

“我是说假如。”老人没有理会秀晶，“他邀请你去高级西餐厅吃饭……”

“在梦里吧。”秀晶改大声抗议为小声咕哝，“我根本不配有这种好运。”

“他送你一件非常漂亮的衣服，你毫不犹豫地说……”

“这种衣服真好，能把丑八怪变成仙女。”秀晶低着头随手乱划。

“他送你一件精致的小礼物，你心里想的是……”

“他是个花花公子，一定会随身带着很多更好的礼物讨好更漂亮的女孩子。”

“所以……”

“他一定是个随处采花的情圣，拿我寻开心的骗子。”

“那么，是不是所有和相貌一般女孩交往的美男子都是骗子呢？是不是他们的幸福都无法长久呢？”老人接着问。

“也不是，不过……”秀晶期期艾艾地说，“只是我遇到的，绝对……”

“为什么只有你遇到的才是骗子？”秀晶的结论，老人显然早已料到，“我年轻时，曾被离婚的邻居拉去参加离婚女子俱乐部，在那里我发现，很多离婚女人最喜爱的话题就是‘男人很自私’、

‘不能相信男人’。结果，她们的婚姻自然不可能长久！也许她们想幸福，但是通过抱怨，她们却向外发送了‘男人不好’的能量，‘好男人’自然就不会在她们的生活里出现。 回来后我就对邻居说，如果你想再次获得幸福，对这种‘同病相怜’的伙伴，还是保持距离为妙，不要让她们用负面的言语来操控你！”

“可是，言语的力量再大，也不可能改变外貌啊，像我长得这样……”秀晶小声说，虽然星红宝石就在她的衣袋里，她却没有勇气去握它，甚至接触它。

“你还是在抱怨自己，拒绝接纳自己。因为你缺乏自爱，所以你也拒绝别人给你的爱，甚至有意识地破坏和男人交往的机会，你根本不会相信有男人会爱你。为什么呢？因为你首先就不相信你自己是值得爱的，你会陷于一个周而复始的抱怨怪圈，会更加觉得自己没有价值。”

“但是，我总要面对现实吧……”秀晶辩解道，虽然有些有气无力。

“容貌是否美丽，绝非爱情是否成功的唯一前提，更何况美丽是相对的，不是绝对的。有些著名模特的容貌在我们看来实在平庸，但在欧美人眼里，却是美若天仙，这就是审美标准的差异，比如她，”老人指着一本过期时装杂志的封面，“长得可比你差远了。”

“是这么回事……”这个模特的故事，秀晶也多少听说过一点。

“这就是审美标准的不同。”老人把杂志放到一边，“对于容貌，每个人都有着不同的标准。当然你也有按大众审美标准通过整容来改变自己的权利，但如果你不想或力不能及，就等于你接受了自己，这时候你就不要抱怨。其他各方面，爱情、生活、事业，也都是如此。”

“这道理说着简单，但做起来……”

“因为困难，所以你就想回避，想找借口，是吗？我们之所以会抱怨，就和我们做任何事情的理由一样——我们察觉到抱怨会带来好处，认为还是保持现状来得容易，反正自己没有价值，也就用不着改变现状，就像电影里常说的命中注定，随它去吧——这样你甘心吗？”

“不甘心！”秀晶坚决地摇了摇头，“您可是对我说过，要成为坚强成功的钻石女人，才能保住我的项链呢！还说，星红宝石能翻转我的人生！”

“所以，你要是不能不加抱怨地接受自己、学会自爱，就是拒绝发展。发展就是生命的标志，止步不前的生命，难道还有意义吗？”老人语气严肃。

“可是我，我习惯了……”秀晶低声说，“毕业一年来，我的事业从来就没顺利过……”

“从来没顺利过？”老人的声音重而和缓，“难道刚才你没有心想事成吗？面试成功是你努力的必然结果，以后也是，不管是多么鸡毛蒜皮的事，都要记得说：当然会这样！”

“当然会这样？”

“对，跟着我说：‘刚才我说我运气好，可这和运气没关系，我成功是因为我应该成功。’——当然，还要握着星红宝石说！”

“刚才我说我运气好，可这和运气没关系，我成功是因为我应该成功！”

秀晶握紧星红宝石连说三遍，感到心灵深处产生了些许微妙的变化。

“也就是说，虽然我不美、没能力，但我还是要告诉自己，我是有价值的。好吧，谢谢您的鼓励，我一定这样做，虽然……”秀晶虽然心情放松了许多，也承认老人说得有道理，但理论和实践毕竟是两回事。

“虽然这是天方夜谭？”

“不……是……”秀晶言不由衷地否认道。

“不美、没能力？你还是在抱怨自己。然而，抱怨能解决你的问题吗？是不是只要抱怨，就能使你获得好工作，获得幸福爱情，前程似锦呢？”老人一句句地追问。

“这……”秀晶不禁语塞。

## 解开抱怨的“魔咒”

望着秀晶尴尬的神色，老人笑了，

“要想接纳自己，向抱怨说NO，可是至关重要！我们常把抱怨作为倾诉的主要内容，但你是否想过，抱怨有什么用处呢？只有没有安全感的人，才会经常抱怨。他们的抱怨是博取同情心和注意力，避免去做他们不敢做的事，把失败的责任推给别人——你同意这种说法吗？”

“同意。”秀晶暗想，这不就是说我吗？

“孩子，在咱们相遇之前，你有没有向朋友倾诉过你的烦恼？有没有因此使朋友之间的关系变得更融洽呢？”老人问。

“哎，别提了！”秀晶苦笑着说，“同学里，属我混得最惨。有人工作轻松，薪水高，有人嫁了好丈夫，哪儿会理解我的苦衷！我是把她们当好朋友才诉苦的，可她们除了敷衍地安慰几句，连听都不想听！到后来，同学聚会都不通知我了。这样也好！不然，看到她们美得把尾巴翘上天的样子，我心里更难过！”

“那么，你跟她们倾诉后问题解决了吗？你会高兴吗？”老人继续关切地问。

“解决问题？怎么会？”秀晶叹了口气，“也就是发发牢骚罢了，能有什么用？每次我回家后都会大哭一场。”

“没错，你说到点子上了。”

“什么？！”

“因为你不能接纳自己，所以便从抱怨中求得慰藉。然而，向别人诉说你不喜欢自己的地方，只能使你继续对自己不满。对朋友抱怨——通常被称为“发泄”，可能只是让自己放纵负面情绪的借口罢了。把抱怨挂在嘴边的人，身边一定不会有几个朋友，因为他身边的人都会对他无休止的倾诉感到厌烦，认为自己的能量被抱怨者榨干了，继而敬而远之。你想想，是不是这个道理呢？表面上，你抱怨只是自己的事，但实际上，这种思想已破坏了你和他人的感情关系，不利于你扩大社会交往。”

“我就发发牢骚而已，至于吗？啊，我知道了，这些日子我抱怨得太多，奶奶您一定是听烦了，对不起……我以后……还是不来了。”

秀晶有些失意，站起来就要走。老人并没有阻止她，只是问道：“但是，你到我这儿来抱怨，和向别人抱怨后的感觉不一样，是不是？”

“是啊。”秀晶又坐下了。

“从您这儿走后，连失业，都变得特别开心！”

“这是因为你抱怨的问题，在我这里得到了解决。”老人笑了。

“当别人可以帮助你时，你向他们抱怨能解决问题，就是好事。但反之就不是，对吗？”

“啊，我知道了。”秀晶似有所悟，“比如，我又快要迟到了，向您抱怨，您立即开车送我到公司，就是解决问题；否则，我与其和您念叨，让您和我自己一样厌烦，还不如立即跳下公车，打的士从小路抄过去，然后大家的心情都很愉快，是吗？”

“很对！”老人连连点头，“但是，你为什么认为打车抄小路会快呢？”

“因为我认识路！”

“这就是说，你相信自己的决定，接受你自己的选择。”老人赞许地说，“刚才咱们谈的还局限于友谊，如果在工作中，抱怨的害处就更多了。记得你跟我说过，毕业后刚刚工作时，你也曾经非常努力，可是你做对了却得不到表扬，做错了却被冷嘲热讽，很快你的工作热情就消失了，是这样的吗？”

“是。”秀晶体会太深了，如果当时有人能多鼓励她、赞美她，而不是变本加厉地抱怨，她一定不会像今天这样糟糕。

“所以，如果条件允许，你绝对不会选择和爱抱怨的同事一起工作，对吧？因为要是无论你做了多少，他都能挑出更多的毛病，你就会自然而然地对他产生厌烦，不知不觉地，你就从心底强烈抗拒他所要求的任何事。如果他是你的合作者，他提出的建议即使再好，你也会束之高阁，因为你觉得要是做了，只会惹来更多抱怨的批评，对吗？”

“当然！”秀晶毫不犹豫地回答。

“将心比心，如果这个爱抱怨的人正是你呢？”老人话锋一转。

“这……”秀晶感到喉头像被什么东西噎住了，好一会儿，才低声说：“我明白奶奶的意思了……可是，如果我遇到烦心事不说，心里该多不痛快啊……”

“如果这样也有办法。比如，陈述事实，就不算抱怨。”

“可是，什么话算是抱怨，什么话又算是陈述事实？”秀晶迷糊了。

“心理学家说：‘一项特定的陈述是否反映出怨气，取决于说话者的内心是否感受到了不满。’”

老人说：“比如，你到小吃摊买了一份烤鱿鱼，不巧厨师失手，盐放多了，这时你脱口而出的话是什么？”

“我？”秀晶想了想，“盐太多，没法下嘴！少放点就好了！”

“这就是陈述事实。”老人表示赞同，“但是否每个人都会这样表示呢？”

“不是。”秀晶在烤鱿鱼摊位前流连的次数太多了，“有人会

说，‘这家厨师的手艺太差了！做的烤鱿鱼要多难吃，就有多难吃！’或者‘把我当能吃盐的壁虎啊！下次再也不上当了！’”

“这就是典型的抱怨了。”老人微微一笑，“然后，会发生什么事呢？”

“摊主会向我道歉，却和大声抱怨的人吵起来，甚至可能会大打出手。”这样的事，秀晶并非没有经历过。

“这就是陈述事实和抱怨的不同结果，你的问题解决了，而抱怨者的问题却愈演愈烈，无论谁输谁赢，都会使怨气成倍累积，严重影响情绪，最后大受伤害的，只有抱怨者自己。”

“可是……”秀晶理解了老人的话，但又想到了新问题，“如果我和同事朋友吃烤鱿鱼时盐放多了，他们向我抱怨怎么办？我要是不听，他们会不高兴的。”

“如果遇到这种情况，你也不必指责对方。”老人耐心地分析，

“如果别人向你抱怨，你不能阻止，就静静地听，不要发表意见，对方没有了倾诉目标，抱怨很快就能停止。如果别人的抱怨涉及第三者，你更要注意，不要把消极的思想或不利于第三者的内容传播出去，不要成为闲言碎语的传声筒。对不对？”

“我知道了！”秀晶有所领悟，“还有吗？”

“有啊，不过更简单。”老人笑了，“你给自己规定一个日

期，比如10天、15天不抱怨。美国有本畅销书，叫《不抱怨的世界》就提出了 “21天不抱怨目标”，你可以画一张漂亮的表格，每当你一整天不抱怨时，就在这一天的方格内打个钩、画个可爱的小图或贴张漂亮的贴纸作为记录，等到时间满了，你再抱怨个够！”

“过10天？15天？21天？”秀晶调皮地做了个“OK”的手势，“那时我一定不记得抱怨什么了！”

“这样不是很好吗？你的生活会很开心，不是吗？”老人还想说下去，望了望窗外，却站了起来：“天黑了，明天还要上班，早些回去吧！明天起，你将要面临全新的环境，遇到意想不到的问题。但无论发生什么，都不要抱怨，要自爱自信，相信自己的价值！至于我这儿，一周后再过来，好吗？”

“奶奶不要我了？”秀晶撅起嘴，故作撒娇地说。

“怎么会？咱们秀晶的路，才刚开始呢！”老人关切地说，“不过，你刚上班，精神高度紧张，晚上要早休息。再说，你一定会有很多不顺心的事想向我抱怨，然而我一不知道店里情况，二不懂珠宝，没法解决你的问题。不过，我也知道咱家秀晶下星期过得肯定不容易，所以，七天后，我会给你个小礼物——教你心想事成的方法，怎么样？”

“心想事成还有方法？”秀晶十分好奇，“您能现在就告诉我吗？至少，提示一句也行？”

“天机不可泄露！”老人的神情有些神秘，又有些顽皮。

## 04 礼貌≠以貌取人

“钻石的价格是呈几何数递增的。克拉数越大的，价格……增长越快，而且切工、形状……啊，还有产地，都会影响钻石的价格……”

秀晶一边小心翼翼地擦拭着红珊瑚自然纹理上的灰尘，一边反复默诵着。

今天，已经是秀晶上班的第五天。

第一天工作时，秀晶如履薄冰：晶莹剔透的冰种翡翠如意，似乎重如千斤；镶有珍珠、宝石的皇冠，虽为现代仿品，也足以令她目瞪口呆；而当注视着镶着21颗椭圆和梨形彩钻的手链时，秀晶的脑海里，忽然掠过一个可怕的念头：

“要是把它弄丢了，就是把我倒卖100次，也赔不起……”

相比之下，打扫卫生间反倒成了件最放松的事。

躲在卫生间的隔间里，插上门，秀晶长舒了一口气。

也许我不应该做这种工作，我不行、我不配、我不能……

清晨的阳光泼洒进来，敞开的窗户外飞来一只蝴蝶，忽而一动不动，忽而扇着翅膀飞舞，幻化成一瓣会飞的花。

秀晶的心绪慢慢沉静。

——你的话语都是在讲述你不想要的东西，而不是你想要的东西，你把思想的焦点都放在不如意的事情上，抱怨的都是负面的、出错的事情，结果，你想的那个东西只会无限扩大，你反而得到了你根本不想要的东西。”

——逮住你的负面情绪，然后释放它，再也不让它回来。当你控制你的思想和言语时，你就迈出了主动创造生活的第一步。

——无论发生什么，都不要抱怨，要自爱自信，相信自己的价值！

秀晶定了定神，开始拖地板，卫生间一尘不染时，她笑了笑，换了块干净抹布，再用指甲轻点了一下衣袋里的红宝石，从容地向珠宝柜台走去。

几天过去了，经过反复自我调节，秀晶已不再紧张，从昨天起，她甚至已经可以边擦工艺品，边背珊瑚送的《珠宝首饰ABC》了。其实，珠宝店不是超市，常常没有顾客，秀晶学习时间很多，但她知道自己基础太差，一分钟也不愿浪费。

“嘎……”玫瑰色大门响了。

“有客人！”秀晶立即放下手里的书和抹布，恭恭敬敬地站好，脸上挂着礼貌的笑容。“要待人亲切温和，微笑服务。”进店第一天，珊瑚曾如是教导。

但接着却是哐当一声。

一个男人风尘仆仆地走了进来，身后的背包足有1米多高，全身星星点点溅满了油点和奇怪的物质，并多处泛起了毛边。男人的面容更是憔悴，眼睛里布满了血丝，脸色如纸般苍白，蓬乱的胡子支棱着，估计已数天彻夜未眠。

当然，估计也是数天未洗澡——因为他刚走过来，就随风飘来了一种混合着汗味、腥味和男人体味的浓烈怪味儿，秀晶连连后退，终于忍无可忍。

“客人……”秀晶极其勉强地挤出这个称呼，“您……你走错地方了吧？这是珠宝店，不是面包房！”

秀晶狠狠地斜了男人一眼，转过身去，拾起空气清洁剂向空中用力喷起来。但是，男人却毫无动静！

“脸皮真厚！”此时，秀晶已经把老人“不要抱怨”的告诫彻彻底底地丢在了脑后，“这身打扮不像要饭的，天啊，该不是离家出走吧！”

想到这里，秀晶胆子反而大了，语调也就更加不客气。

“你还不走？你知道这是什么地方吗？难道让我报警吗！”

珊瑚正在记账，被秀晶惊动了，站起来向大门瞥了一眼，皱了皱眉头。

“糟了。”秀晶暗想，“这样邋遢的人我都打发不了，珊瑚姐一定要责怪我。”

然而，珊瑚却没有支持秀晶的迹象，反而轻柔地说：“秀晶，你来帮我上网查查首尔最新的黄金报价，好吗？”

“知道了。”秀晶极不情愿地在电脑前坐下，却见珊瑚向男人迎了上去：“东元兄弟，你回来了！找到亚特兰蒂斯了吗？”

“珊瑚姐，抱歉，让您失望了！”东元不好意思地挠了挠头，

“我在委内瑞拉的山谷里转了几十天，空手而归！唯一的收获，就是观赏了上百次安琪儿瀑布，惭愧！这个小姑娘是您新招的吧，好厉害啊！不过我这模样也够吓人的，对不起！”

东元向秀晶招了招手，秀晶尴尬地笑笑，环顾左右，真想找个地洞钻进去。

“她刚来几天，还是个新手。”珊瑚为秀晶打圆场，“我相信，您下次一定能找到亚特兰蒂斯的！不过您能天天看到安琪儿瀑布，也很不错啊！那可是全世界落差最大的瀑布，我一直想去！听说，瀑布就是安琪儿想找金矿时发现的？”

“是啊。”东元坐在门口椅子上，将秀晶悄悄送上的茶水一饮而尽。

“听当地人说，安琪儿是个飞行员，七十多年前，有个探险家给他高额酬金，让他开飞机去找一个金矿，他们果真带回了数量可观的金块，后来探险家病死，安琪儿一直驾机在山中盘旋，没找到金矿，却发现了这条高达数千米的瀑布！”

“其实他已经成功了，虽然没有找到黄金，却找到了比黄金宝贵千万倍的东西。”珊瑚鼓励道，“所以，东元，你可不要灰心啊！你的梦想，只要相信，就可以实现！我可还等着你的一半宝藏呢！”

“谢谢！我一定不放弃！不过我要休整些日子，会常来玩，要不，我就当您的免费保安吧！”东元一口气喝掉了五杯茶，面色渐渐好转。

“谢了！不过，要是客人们一看到你，就都想和你一起去寻找亚特兰蒂斯，我的小店可就没生意了！”珊瑚幽默地笑道。

东元脸上又泛起了红光，他随便抓起一块抹布，拂去脸上的汗，再在全身上下胡乱擦擦。然后，再次向秀晶招了招手，走了出去。秀晶想道歉，却说不出口。

“秀晶，你过来。”

关门声响过，珊瑚的笑容就凝固在脸上。

“我，我……”秀晶深知问题的严重性，与其干等珊瑚发火，不如主动承认错误。

“我错了，我不该以貌取人，特别不该粗暴地对待客人，我不知道东元先生是您的朋友……不不不，他就是个陌生人，我也应该热情服务，总之，我……”

“说完了？”珊瑚的脸色由阴转晴，她坐在门口椅子上，再把另一把椅子转过来：“来，坐下慢慢聊。”

秀晶蹭着椅子边斜坐下。

“秀晶，你刚才说，即使客人不是我的朋友，你也应该热情服务，这没错。但是，你为什么要热情呢？因为职责需要，还是因为你真心想要这么做？”

“当然是职责需要，顾客就是上帝啊，即使是再不喜欢的顾客，也要装作……”

“装作？秀晶，其实你还是把焦点都集中在抱怨顾客上，这几天我一直在观察你。有没有人对你说过，你得到的，就是你想要的？有没有人对你说过，当你抱怨的时候，就是借由话语把焦点放在不如意的事情上面？”

“有啊！”秀晶差点脱口而出，但又怕会打断珊瑚，就胡乱地摇了摇头。

“如果你把抱怨他人当成一种习惯，你就不能以积极的思想来面对世界，不会感到生活的美好。相反，如果你不是以抱怨，而是以积极的心态去对待自己和客人，你就会感到一切都是美好的。你自己感觉美好，才能让别人感觉美好。毕竟，你的态度，也就是你内在思维的外显表现，它往往会决定了人们和你之间的关系。”

“还有这么回事……”

“秀晶，其实你有很多优点，比如坚强、好学、不虚荣。我曾先后有过好几个店员，也有学历很高的，但没有一个能像你一样，边收拾边背专业知识。”

“那是因为我不如她们，我什么都不会……”秀晶赶紧解释。

“那是因为你自己努力。”珊瑚微笑着纠正道，“好好想想你自己的优点，你自己美好的一切，再想想别人的美好。然后，你就会改善你的人际关系。”

“真的吗？但是，并非每个人……”秀晶欲言又止。

“当年我刚毕业时和你一样。”珊瑚回忆道，“我大学学的是宝石学，毕业时成绩是班上第一名，很顺利地就被蒂芙尼（Tiffany）——奥黛丽·赫本演的《蒂芙尼早餐》那家——首尔分公司设计部录取了。公司有个规矩，新人都要当三个月营业员。”

“当时我家境很好，名牌首饰就有几十件，人也长得不错，就非常骄傲，觉得当营业员是高射炮打蚊子，每次客人来时，我虽然表面热情——别不高兴啊，比你热情得多呢——心里却抱怨说这个太穷，那个没修养，怎么配让我来伺候你！而同事们看到我年轻漂亮，也都嫉妒我、挤兑我，当然，我也不会对他们客气！结果，一个月下来，我所在店的业绩，竟是倒数第一！同事们把责任都推到我头上，更可怕的是，经理警告我，下个月要还是这样，就过不了试用期！”

“我……哭啊哭啊，所有的自傲都变成了自卑，我觉得我完了，职场太黑暗，我应付不来！还不如听妈妈的话，嫁人做太太算了！”

“后来呢？”秀晶聚精会神地听着。

“就在我决定主动辞职的前一天，店里的会计阿姨找到我，就像今天我和你一样，对我说，珊瑚，你有没有想过，你工作中的种种不顺心的事，也许都是你自己吸引过来的？你所想的，就是你得到的？”

“‘什么，我自己吸引来的？……’我那时已完全迷糊了。”

“‘我知道，你曾经很自傲，现在又很自卑，然而，你不比别人强，但也不比别人差。抱怨别人，实际上就是自夸，认为你自己比别人强。然而，如果你注意到另一个人有缺点，是因为你自己也有。你会在别人身上看到这些优点，是因为你自己也有。所以，要想人际关系顺利，你就应该把焦点放在对别人的欣赏上，而不是抱怨。”

“‘如果她们向我道歉，我也许会考虑和好。’我当时赌着气说。”

“为什么你就不能主动一点呢？想要别人改变，你自己先要以身作则，改变你的言语，改变你的思维，当你说出的怨言愈来愈少，心里制造的怨言也会同样减少。世界，也许就会变成另一种样子。”

“‘凭什么！明显是她们故意……’听到这样的话，我怎么能服气！”

“老会计没有反驳我，却说，‘这样吧，咱们用一个月的时间，把同事们、顾客们让你欣赏的理由写下来，多想想他们让你欣赏的地方，多想想你能够爱他们的理由，如果他们帮助了你，你就欣赏、感谢他们的优点，好不好？

同时，如果你想指出某人的不足之处，也先挖掘看看，自己是否也有同样的倾向，然后再心怀感恩，庆幸自己有机会察觉这个缺点并努力改正。

你就委屈一下，坚持一个月，不行的话，你就回家做无忧无虑的大小姐，怎么样？’”

“‘那就试试吧！’我根本就不相信，就是觉得辞职无法向家里交代。”

“然而，没想到这一个月，店里的变化完全出乎我的想象！我发现穷顾客其实很善良；没修养的顾客其实很努力；老爱找麻烦的同事是个单亲妈妈，愿意为孩子付出一切；常挤对我的同事正在读夜大，还在考专业证书……我便开始以积极的心态对待他们，给顾客最满意的服务，给同事最真诚的帮助，结果，第二个月，我们店的业绩升至全首尔的第三名，我被提前转正，通知去设计部报到！”

“我曾多么期盼转正的那一天！可是，我后悔了！同事们都不愿意我离开，老顾客听说我要走，特意来向我告别！后来，只要有时间，我都要回店里去看看！和会计阿姨，更是至今都常来常往！”

“这是真的吗？”秀晶问道。

“真的！”珊瑚握紧秀晶的双手，“相信我，我也曾经年轻！你的错误，同样也曾是我的错误！如果出现问题，咱们一起商量，争取少走弯路！好吗？”

“好的！”秀晶在珊瑚身上，似乎发现了一种神奇的力量，而这种力量正在通过她柔软的双手，源源不断地传输到自己的身体里。坦率地说，工作这五天，秀晶也曾在心底悄悄抱怨过珊瑚不少次，但今天，她却发现珊瑚的容貌是那样美丽，珊瑚的心胸是那样宽广，珊瑚的话语是那样柔和！

“明白啦！要变抱怨客人为欣赏客人！”秀晶对星红宝石暗暗说，“要是我握痛了你、握多了你，可要原谅我啊！我要把抱怨客人这个毛病一点点地改掉，多发现客人的优点，从现在开始！”

然而，下决心和实现决心，毕竟是两回事。虽然秀晶在以后的十几天里一直诚心诚意地接待顾客、帮助顾客，赢得了顾客的好评和珊瑚的鼓励，但这天，当她看到来客时，即使握紧星红宝石，也还是无法克制内心深处的失落。

迎面走来的，正是秀晶曾厌恶到极点的旧同事——贞雅。

# Part3

# 向成功招手，向抱怨说“NO”

◇直言不讳：优点OR缺点

◇批评是带利刃的抱怨

◇凡是渴望的，我都有资格得到

◇清理抱怨，清理行动障碍

# 11 直言不讳：优点OR缺点

贞雅和秀晶同岁，身材苗条，容貌妩媚，全身上下都是奥巴马就职仪式上穿的大受明星追捧的Burberry黑白格服饰：羊绒围巾、相同花纹的羊毛裙子、手袋、手套，以及精致的贝雷帽。她的手臂，还挽着一个身着闪亮条纹套装的男人。

贞雅是秀晶职场中的第一个朋友，也是第一个敌人。

当年秀晶刚毕业，和贞雅同时来到一家贸易公司做实习秘书。最初一个星期，两人几乎形影不离，贞雅甚至有些仰视秀晶——她无论毕业学校还是成绩，都比秀晶差上一大截。

可是，没过几天，事情就起了微妙的变化：当秀晶埋头苦读员工手册时，贞雅温柔可爱的神态已被总经理所瞩目；当秀晶试图理顺与下属机构关系时，贞雅身边已围满了献殷勤的客户。结果，秀晶鄙视贞雅光彩夺目的八面玲珑，而贞雅也不屑于秀晶一根筋式的埋头苦干，两人的友谊刚刚开始便宣告结束。

不过即使那样，秀晶依然自信满满，她根本不相信，爱表现不爱读书的贞雅会成为自己的对手。但她失算了——因为，学校里从未讲授的人际关系，却是职场的通行法则。

为了把更多的时间用于学习，秀晶回绝了所有名目繁多的聚会，却发现自己和同事、上司间多了道看不见摸不着的玻璃屏障，她所做出的一切努力，复杂的表格，长篇的总结，在上司眼里，都不如贞雅飘然而至的微笑。秀晶稍有懈怠，就会遭到上司的批评；而贞雅偷懒，却被誉为“干得好、干得巧”。

结果，才三个月，贞雅便成了秀晶的上司，秀晶当然不服，只要有机会，必定要给贞雅拆台，再绘声绘色地散布些负面消息；贞雅也会毫不犹豫地公报私仇，工作稍有差错，即使是她自己的原因，也会蛮不讲理地把秀晶痛骂一顿——即使到秀晶决定辞职那天，亦是如此。

“如果没有遇到贞雅，也许我的自信心不会那么快消失得一干二净……”

“如果没有遇到贞雅，也许我对未来的憧憬不会那么快化为泡影……”

每次回顾消逝的梦想，环视当前的落魄，秀晶都会连声抱怨，潸然泪下。她想，除非有朝一日能取得骄人成绩，报复贞雅，否则，一辈子也不要再见到她。

现在仍然如此，但是——

——如果你把抱怨他人当成一种习惯，你就不能以积极的思想来面对世界，不会感到生活的美好。

——抱怨别人，实际上就是自夸，认为你自己比别人强。如果你注意到另一个人有缺点，是因为你自己也有。你会在别人身上看到这些优点，是因为你自己也有。

是的，我该多想想贞雅的优点：至少身材和容貌，她像个人见人爱的芭比娃娃，服饰也是响当当的大牌……不过，似乎不对劲……

优点没数完，秀晶却发现了贞雅着装的缺陷：所有Burberry单品均魅力十足，但堆砌在一起却显得杂乱重复。过犹不及，如果只用其中一件，比如羊绒格裙和素色披肩搭配，气质反而会更高雅。

通过这些天对珠宝色彩的学习与观察，以及珊瑚姐服饰的耳濡目染，秀晶的审美敏感度提高了不少。

我要去爱贞雅……如果真心爱她，我就该直言不讳地提出意见。怎么说呢?

此时，贞雅也认出了秀晶。

“哎呀，这不是……秀……秀晶吗? 怎么竟混到站柜台了? 太屈才了! 我还以为您早成女强人了呢! ”

“客人，您好! 欢迎您光临，请问您想随便看点什么吗?”秀晶只当没听见。

“看点什么呢? ”贞雅见挑衅没有回应，只好自己圆场，“啊，把那个垂感挺强的绿耳环给我瞧瞧。”

“好的，客人。”秀晶取出那副镶绿松石和珍珠母的印度古典式纯银耳环。

“嗯，真漂亮。”贞雅把耳环戴上，在镜子前照了又照，“怎么样? ”

“随你喜欢。” 穿闪亮条纹套装的男人敷衍说。

“真是难看极了！”秀晶脱口而出，“这耳环是配晚礼服的，只能在演出或晚会上戴！您的格子套装和围巾已经搭配得特没涵养！再戴这个，就像一棵圣诞树！”

“什么，你是怕我买不起吗？其实我……”贞雅的脸陡然变色。

“不是！但是您一点都不懂首饰，应该多学些色彩知识！”秀晶没等贞雅说完，就迫不及待地说下去，“您应该戴素净的钻石耳环，我可以教您……”

“我可不想让你教！”贞雅勃然大怒，“秀晶，我就知道你没安好心！这耳环我要了！结账！你让我买钻石的，不就是想拿提成吗？做梦！瞧你这德行！”

“你，你真粗野，简直不可理喻！”秀晶委屈极了。

“你说谁粗野？”贞雅旁边的男人帮腔了，“你敢骂我女朋友？这是耳环的钱，数清楚了吧。你给我跪下道歉，我就付你双倍，不然，我就把你这店砸了！”

“你们……”秀晶气得说不出话，泪水夺眶而出。

“想打架，我奉陪！”店外传来浑厚的声音，东元和一个年轻男人走了进来。

“怎么样，要砸店？早说啊，我手正痒痒着呢！”东元随手抄起件体积挺大的东西砸在地上，发出一声巨响，“还是没板砖顺手，要不咱俩出去单练？”

“好小子！这可是你干的，可别赖我！”穿闪亮条纹套装的男人顿时被东元的气势镇住了，“有本事下次别撞你大爷枪口上，否则，饶不了你！”说着，丢下钱，抓起耳环，拉着贞雅三步并作两步溜了出去。

“东元哥，您，您真像个不折不扣的流氓！”秀晶瞠目结舌。

“扑哧！”东元后面的年轻男人忍不住笑出声来，“瞧小姐多会说话！我认识东元哥七八年了，这阵势也是第一次见！”

“出门在外，正的邪的总要都学点儿。”东元自嘲地笑笑，“秀晶，我跟你介绍，这是灿秀，也是我和珊瑚姐的朋友。”

“您好！”秀晶慌忙用手背擦去满脸的泪水，但妆容已经被冲得乱七八糟：睫毛膏和眼影化开了，两只眼睛就像熊猫，粉底和胭脂则是白一道、黄一道、红一道，口红本硕果仅存，但经秀晶一擦，反而全印在了手背上。

“您好！”灿秀主动握住了秀晶沾满口红的右手。

他的手极柔和，也极亲切，还笼着一层淡淡的暖意。她抬头望过去，是一张清秀白皙的面容，鼻梁挺拔而颀长，眼里含着笑，像被海水荡碎的阳光。

屋里真安静，安静得不可思议，连镶钻座钟的指针也停止了，秀晶只听见自己内心深处的跳动声：叮咚。

虽然星红宝石在衣袋里，秀晶也能望见它火焰般热烈的光芒。

如果时间就此停住，该有多好……

秀晶刚冒出这个念头，就被珊瑚焦灼的声音打断。

“出事了吗？”珊瑚从后院匆匆跑进来。

“没有！”东元爽朗地一笑，“走了，还卖出对耳环！”

“东元哥！”秀晶迅速抽回右手，“您砸的是什么？”

“哈！”东元挤了挤眼，“翡翠原石[①]，摔不坏，还是当年我买的呢。”

“你还记得那块石头哪！”珊瑚莞尔一笑。

“东元哥可没少念叨石头的事儿。”灿秀说，“您托东元哥花大价钱从缅甸买了11块翡翠原石，可他上当了，回来打开，10块里面都没有翡翠！东元哥痛心疾首，要把最心爱的越野吉普卖了赔您，您却说……”

“这怎么够！等你找到亚特兰蒂斯，就分一半宝藏给我吧！”东元捏着鼻子学着珊瑚的口吻尖声说，大家笑成一片。

“然后，这最后一块翡翠原石就一直放在大门旁的架子上，每次我进店看到它，就想，我一定要找到亚特兰蒂斯！”

“难道珊瑚姐就真不想把这块石头打开吗？万一里面有翡翠呢？”灿秀问。

“何必过于执著结果呢？只要乐于接受任何可能的状况，我们一定会得到自己想要的，是不是？”珊瑚神情从容，继而，话题一转：“今天你们俩怎么都有空?不会是专门来砸店的吧？”

“差点忘了！”东元一拍脑袋，“我是来告诉您一个好消息的——我大赚了一笔！”

**注释**

①翡翠原石：翡翠是在低温、高压等特殊地质条件下形成的，翡翠砂矿原石外有一层厚薄不均的风化皮壳，到目前依然没有仪器能穿透这层皮壳。缅甸翡翠产区出售的原石内并非都有能够达到宝石级的翡翠，也许一块数吨重的原石内会一无所有， 也许几千克的原石，会藏有高质量翡翠。翡翠原石表皮有色、有斑或黄或黑均为判断其内部可能有翡翠的条件，但绝非准确，因此，翡翠原石的买卖被称之为“赌石”，风险极大，运气好者一夜成为巨富，运气差者却立即倾家荡产。

# 12 批评是带利刃的抱怨

“您找到亚特兰蒂斯了？”秀晶好奇地问，虽然她仍不理解亚特兰蒂斯的含义，但猜想，应该是个宝藏。

“嗯，还差一点儿……不过，快了！”东元掏出个古怪的东西：“旧货市场买的，没人识货，才5美元！出来我就觉得似乎在日本记录片里见过，想起灿秀学过日语，就托他在网上查，还问了几个日本商人，才知道这是日本绳文时代，就是距今三千多年前的文物！当然质量要差些，现在的价值是……”

“多少？”秀晶屏住呼吸，等待着激动人心的时刻。

“500美元！”东元挺起了胸膛。

“这也叫赚?”秀晶哭笑不得——东元哥可是常周游世界的啊。

“100倍的差价啊！东元兄弟真是太棒了！”珊瑚的兴奋之情溢于言表，“珊瑚姐可是眼巴巴地盼着你的一半宝藏呢！加油！你所要的一切，都是你自己吸引过来的！只要你认准梦想，努力实现，就一定能心想事成！相信自己的力量，把握自己的力量！”

“谢谢！我一定不会让您失望！”东元点点头，然后，他又翻出个如钻石般闪亮，但体积却大得多的石头，“珊瑚姐，这块锆石[①]也是我在旧货市场买的，不值几个钱，送你当个装饰吧！”

“那我就不客气了！”珊瑚接过锆石递给秀晶，秀晶把它放在镶钻座钟旁，被报时声吓了一跳。

“四点了！今天周末，晚上吃烤肉，我请客！灿秀，找家你最喜欢的馆子！珊瑚姐，我一会儿就回来接你们！”

灿秀还没来得及道别，就被东元拉走了。

“收拾东西吧，今天早点关门。”珊瑚平静地说，开始整理柜台。

“您不批评我吗？”秀晶轻声说，“要不是东元哥，真不知要出什么乱子！当然，贞雅他们也做得太过分了！简直是……”

“东元的做法是有些极端。”珊瑚轻描淡写地打断了秀晶的抱怨，把陈列的耳环逐一放进首饰盒里，“但我们做服务工作，会遇到各种各样的人，遇到麻烦一味忍让是不行的，要找到最恰如其分的应对方法。”

“可是，他们到底是顾客，我总不能和他们对骂吧！”秀晶有点想不通。

“不是让你也对他无礼，但要有人贬低了你，你就应该在情绪稳定的前提下，有策略地指出对方的错误。不过，”珊瑚合上电脑，“你不是和客人相处得很好吗？”

“还要指出错误？我再也不敢了！我就说她的衣服配珠宝难看，就成这样……”秀晶借擦电话躲开珊瑚的视线，低声把刚才的话重复了一遍。

“我知道了。”珊瑚点点头，“你说你是好心，想真心爱贞雅、帮贞雅，是吗？”

“当然了！可是……”

“你开始正视自己了，这很好。”珊瑚停了一下，“不过你有没有想过，你的表达方式有问题呢？”

“可是，您不是说做人要真诚吗？”秀晶不明白。

“诚实并不意味着直言不讳。”珊瑚放下手里的首饰，对秀晶微笑着说，“我们在提出意见时，要学会换位思考，要理解尊重对方，在公众场合就更要注意。

批评就是抱怨的一种，而且是带着利刃的抱怨，如果我们针对某人而发出批评，就是意图贬低此人。

毕竟，直言他人的缺点错误，会给他人带来难以承受的心理压力，你听过‘人人都喜欢吃顺心丸’这句话吗？”

“听过。”

“这句话就意味着：

人们对于欣赏的回应，要远比对批评的回应强烈。

同样一句话，委婉表达和直言不讳效果完全不同。归根到底，绝大多数人，包括你和我都爱面子，不愿意在众人面前难堪，是不是？”

“是……我当然也……爱听好话。”秀晶承认珊瑚说得有道理。

“对啊，我也是。别忘了，只有用积极的情绪和别人沟通，才会起到积极的效果。所以，即使是和朋友家人交流时，也最好不要使用批评口吻，我和我丈夫孩子之间，遇到矛盾，也不会互相指责，都是彼此商量、彼此解决的。”

“您还有丈夫孩子？”秀晶刚脱口而出，就发现自己的说法又错了，“我的意思是，他们从来没来过珊瑚工坊。”

“他们都住在意大利，我刚去看过他们。”珊瑚笑了笑，继续说：“亲人尚且如此，客人更不用说。

没人喜欢被批评。而且批评往往只会扩大事端。要知道，‘批评’的意思，就是去找出某人或某事的缺点和毛病。当我们批评某人时，他们就会觉得有必要为自己的行为辩解，就会产生消极情绪，甚至认为自己遇到了不公，竭尽所能地反击。结果，批评不但毫无效果，反而会产生负面影响。”

“也就是说，遇到问题对人发脾气，根本没有用。”秀晶说道，继而想到自己也是如此：别人对她发火时，她不是想反驳，就是左耳进右耳出。

“质问就更不可取了，那只能更加招致别人的反感。”珊瑚的声音愈发和蔼，“秀晶，我知道你很爱喝热巧克力，正好甜点屋推出了新产品，你正犹豫时，店员说，‘这款新品非常适合您！’你可能就会下定决心，但要是听见‘你到底买不买’，或者‘你根本不懂，我来帮你挑’呢？”

“我会转身就走！”秀晶毫不犹豫地说。

“对啊，那你为什么又要把自己不喜欢、不接受的话强加给别人呢？你对别人好，别人也会对你好；相反，你指责别人，别人当然也要指责你。是不是？”

“是这样……”秀晶点了点头。

“另外，通过刚才的事，我认为你在倾听方面也应该再稍稍提高一点儿。”

“倾听？”秀晶没想到说话还有这么多学问。

“对啊。我们在和别人交流时，要专心致志地倾听，即使不同意对方的观点，也要耐心听完对方的意见，这样不但利于我们理解对方的意图，调整自己的表达策略，也表示对他的尊重。对方一旦感到被认可、受到重视，就会信任你、接纳你。即使有情绪，也会适当控制，至少不会愈演愈烈，对不对？”

“我明白了！要是我没有打断贞雅，或者及时意识到她情绪的变化，可能还不会……都是我的错……”虽然秀晶反复告诫自己不要抱怨，还是情不自禁地把责任都推到贞雅身上，经珊瑚这番入情入理的分析，才算心服口服。

“好啦，以后多注意就行。”珊瑚继续收拾，“多想想今天晚上吃什么吧！”

“遵命！老板！”秀晶的笑容如春天的花朵般绽放。

夕阳渐渐西沉，东元还没有回来。珊瑚翻着时装杂志，秀晶则发现一张旧宣传页上几款首饰的款式不顺眼，便把手边珠宝放上逐一比画。

“要是用青金石，一定比黄色的琥珀更配！这个项链的链子要用皮质的，一定比金属链好，那个宝石也不够大气，什么好呢？”

秀晶将视线所及的宝石比了个遍，甚至掏出了宝贝星红宝石，都不满意，一抬头，发现镶钻座钟旁的锆石，放上去，效果竟惊人的完美！

“原来最廉价的宝石，也有自己的位置！珠宝设计，真是门奇妙的学问……”

秀晶刚刚沉醉于珠宝造就的美丽世界，窗外便传来越野吉普的喇叭声。

“珊瑚姐，秀晶！等急了吧？灿秀兄弟想为我省钱，那怎么行！再远再贵，咱也要挑家好的！”东元的大嗓门，即使在门外，也听得一清二楚。

“快点收拾吧。”珊瑚轻声催促道。

秀晶立即把宝石塞进保险柜锁好，又把宣传页随手丢到垃圾筐里。

珊瑚眼神里掠过一丝疑虑，欲言又止。

**注释**

①锆石：锆石商业上又称“锡兰石”和“风信子石”，是一种中低档宝石，有无色和红、黄、蓝、绿、橙、紫等各种颜色。无色的锆石具有类似钻石般闪烁的彩色光芒，常用于制作钻石的代用品。同时，锆石又是12月诞生石，象征爱情、幸福、好运和成功。

## 13 凡是渴望的，我都有资格得到

“奶奶，您身体好点了吗？又到周六了，我给您煮了南瓜粥，还拌了桔梗！”

秀晶一只手紧抱着保温锅，一只手慢慢地推开老人小屋的门。

“我全好了！”老人的声音充满了力量，“这些天多亏你了，秀晶！我炖了一大锅年糕炖排骨，就等你呢！”

“您见外了！”秀晶把保温锅小心地放在老人的小桌上，“您就像我的亲奶奶，您生病了，我照顾您，那是应该的！”

吃完午饭，收拾过碗筷，秀晶又像以前一样，在老人旁边的椅子上坐下。

“瞧我这一病，把事情都耽误了。”老人说，“你上班快一个月了，答应你的心想事成方法却一直没来得及说呢。”

“奶奶，您别累着，这不着急。”秀晶懂事地说。

“不累不累。”老人爱怜地望着秀晶，“咱们现在就开始吧。心想事成并不难，只要你坚持不懈，就能如愿以偿。其实，你已经开始了：不再抱怨，以积极的心态面对世界，并且得到了你如愿以偿的珠宝店工作。下面，你只要给予你自己足够积极的注意力就行。”

“足够？”

“对，足够。”老人继续说道，“你积极的想法都是你的心灵感应，也是吸引力法则所反映的东西。比如你周围环绕着一个巨大的玻璃罩，你向外发出的所有心灵感应都被包纳在这个玻璃罩里。

吸引力法则只对你心灵感应罩里面的愿望进行反映。当你维持对这种愿望的注意力、能量和聚焦度时，吸引力法则就会对心灵感应罩里的愿望进行反馈和对接。”

“好玄妙啊！”秀晶一脸迷茫。

“是我说复杂了。”老人换了种说法：

“就是说：凡是你所渴望的东西，你都有资格得到。不要打压自己、替自己找借口，或是假借批评和抱怨，将注意力转移。你要向宇宙发出愿望，并长时期进行积极的确认。

比如说，你对宇宙说，‘我喜欢我的身材’，‘我可以在珠宝业有很大发展’，‘我有一位非常完美的终身伴侣”，“我会有一个如钻石般美丽的人生”，然后，再从心灵深处积极地肯定它、相信它。”

“啊，明白了。”秀晶站起来，郑重其事地整了整衣服，喊道：

“我喜欢我的身材！我可以在珠宝业有很大发展！我有一位非常完美的终身伴侣！我会有一个如钻石般美丽的人生！”

“喊完好舒服。”秀晶轻松地坐下，“也只有在您这里，在外面，我可不敢！”

“为什么不敢呢？”老人立即追问道。

“就说‘我喜欢我的身材’吧，这明显不是事实。”秀晶瞧了瞧自己臃肿的体形，“人家会以为我……”想到 “有神经病”是消极情绪，便没说完。

“就是说，你的内心深处还有怀疑的想法，这种想法反复提醒你自己，这只是说说而已，不是真的。而吸引力要素的主旨，却是你要有绝对的信心，没有怀疑，才能吸引到自己想要的东西。

“所以我没戏了……”秀晶再次陷入苦恼。

“但是，我们是不是可以换种说法，‘在……之中’，就像英语语法的现在进行时，既让你有积极的心灵感应，又能表述真实的情况？比如‘我正处于越来越喜欢自己身材的过程之中’，‘我正处于在珠宝业求得发展的过程之中’，‘我正处于吸引完美伴侣的过程之中’？”

“啊，这还能接受。”秀晶回味着老人的话。

“如果你认可了这种方式，就把它写下来吧。”老人取出纸笔。

“就写‘我在……之中’吗？”秀晶接过笔就要写。

“不是。”老人纠正道，“要写得越具体越好，就像你在公司写报告一样，分三段：开头说‘我正在吸引我想要、想要知道或者想要拥有某件事物……之中’，然后用非常积极肯定的语气陈述你的愿望，比如‘我非常高兴因为我知道……’，‘我已决定’，‘越来越多的……’诸如此类的词语。”

“就是说‘我非常高兴遇到奶奶’，‘我认为吃条烤鱿鱼是个好主意’，‘我会有越来越多的存款’？”

“意思对了，不过要分解到各个方面。奶奶和烤鱿鱼好像不是一回事儿吧？”

老人幽默地说，秀晶吐了吐舌头。

“来，现在就把你的理想状况，比如事业、爱情、身材按这三段都写下来，一定要情绪积极。”

“好的！”秀晶接过笔，写下第一句：“我正在向珠宝业求得发展的过程中。”

但是，然后呢？我不知道我的目标是什么，甚至能否实现……算了，下一个，我在吸引我完美伴侣的过程中，这更没法展开，我的糟糕爱情，哈，不提它了……我正处于越来越喜欢自己身材的过程中……这简直是写小说，不，写小说还有稿费呢，我在骗自己……

秀晶的写作能力相当强，即使枯燥无味的工作总结，她也能下笔千言，但现在，她却觉得笔下干枯生涩，几篇都是勉强开头便没了下文。

15分钟后，老人取过秀晶的几页纸，发现上面仍如冬日田野般稀稀拉拉。

“这可不是咱家秀晶的风格啊，我记得你参加网络征文大赛还得了奖呢！”

“啊……您该休息了，要不我先回去？”秀晶向门边悄悄溜过去。

“这样吧。”老人似乎早有准备，取出几个薄本子，“咱们换一种角度好吗？你把所有消极情绪都写出来，先写事业和爱情，要把情绪完完全全地释放，彻底进入那种负面的感觉，也许这不大愉快，但是，你必须要这样做。”

“这不就是抱怨吗？”秀晶忽然想起了什么。

“对，就是抱怨，但这是解决问题的抱怨。”老人鼓励地点点头。

“好的。”秀晶在封面分别标上“事业”、“爱情”，“这本子质量好差……”

但很快，她便沉浸于曾经的无限烦恼之中。

“事业：第一份工作是实习秘书，如果没有遇到贞雅……算了，人际关系，真是我的弱项……第二份工作，好不容易摸着了专业的边，却被派别斗争搞得晕头转向……第三份工作，推销，天啊，与其说是激情，倒不如说是噩梦，第29次被人赶出来时，我再也忍无可忍……第四份工作，服装助理，只三天就被炒了，我很努力，但以我的审美，不能怪别人……也曾遇到一个重视我能力的律师事务所，可是我才工作了两个月，律所就因经营不善倒闭了……珊瑚姐对我很好，店里也没有令我头痛的人际关系，谢天谢地，我真的很想在珠宝业有所发展，可是我又没有相关学历，也许我命中注定没有事业这根弦……”

“爱情：更别提了，我初恋时还不到18岁，他是我的中学同学，平时我们玩得可开心了，他又帅又神气，就是我心目中的白马王子，他冲我笑的一刹那，我至今都忘不了……要是我不多嘴，也许我们现在还是好朋友，可是我却认为，喜欢就应该说出来，结果怎么样？我自作自受！他听了，笑得直不起腰，说，就你这模样……我当时都想跳河算了，活着真没意思……”秀晶的眼泪情不自禁地掉了下来，“我长得不美，没人会喜欢我，更不要说和我结婚了！”

还有……还有……还有……

烦恼说完了，本子写满了。秀晶感到整个身心都被掏得空空荡荡，她把本子推给老人，神情恍惚地站起来，迷迷糊糊地掏出手机，才知道已是傍晚六点！

“好！太好了！”老人边读本子边兴奋地喊着。

“就算幸灾乐祸，也太过分了吧！”秀晶虽视老人为亲人，但听到这句话，内心深处还是产生了强烈的反感。

## 清理抱怨，清理行动障碍

“对不起。”老人意识到秀晶的不悦，“我是说，很高兴你能如此完全彻底地释放自己！本子上的所有抱怨就是你行动的障碍，只要你把这些障碍清理干净，你就能吸引到所有你想要的东西！清理这些障碍的速度越快，你的愿望实现的速度也就越快！”老人看了看表：“不早了，咱们吃饭回来再说吧！”

“不嘛……”秀晶正听得入迷，“您不是说清除抱怨障碍，越快越好吗？”

“咱家秀晶真是个急性子。”老人笑了，举起“事业”本子，“比如‘我想在珠宝业有所发展，可是我没有相关学历’，我想问问你，在珠宝界，人人都是宝石学系博士毕业吗？”

“当然不是。”秀晶读过不少资料，“有的珠宝设计师原来是小说家；有的珠宝设计师原来是搞贸易的；有的珠宝商小时候家里穷，中学都没念完……”

“你再想想，有多少人今天还在努力，有多少人已经达到了目标？你为什么要坚持说，只有你会例外呢？”

“是啊！”秀晶愣住了。

“还有，”老人取过“爱情”本子，“‘我长得不美，没人会喜欢我，更不要说和我结婚了。’是不是所有像你一样长相平凡的姑娘，都嫁不出去呢？是不是有许多人在第一次约会时，就找到了自己的另一半呢？有多少人今天和男友在约会，又有多少人成为夫妻，终身相守？”

“也是啊！”秀晶内心深处坚不可摧的堤坝，就像遇到了山洪，垮了。

“所以，你的怀疑、你的抱怨，只不过都是你的借口！”老人口气严厉，“你可以做到的！整个世界，都会为你所有！你的愿望，只要相信，一定能够实现！”

“我？”秀晶再次感到心灵空如大海，却像等待无数船舶的港湾。

“那就再写一次。”老人又取出两个精美的笔记本，“就像刚才一样，表达你的愿望，越系统越好，不过，写你的陈述时，要用第三人称，否则，你又会因为以自己为参照物而产生犹豫和怀疑！你的语气要客观，但你的情绪要美好！

只有你彻底感受积极的情绪，美丽的新世界才能根植在你的意识里！你越是心怀喜悦地接受新意念，对新的感觉着迷，就越能快速地达到你的目标！”

“明白了！”秀晶信心十足地写起来。

“事业：在珠宝业发展是一种美好的感觉，我希望一生都能拥有这个充满激情和魅力、凝聚了无数人梦想和渴望的璀璨世界！我一想到我要做一辈子珠宝店店员……不，不是的！” 锆石灵动的光芒，忽然变得像秀晶衣袋里的星红宝石一样耀眼，“我一想到我要成为珠宝设计师，就会兴奋不已！”

“爱情：我希望我的男友是有耐心、善于照顾人、温文尔雅，而又守时守信的人！我一想到我能与他一起去旅行就非常兴奋，我喜欢被他赞赏的感觉，我也希望他有同样的感觉，我还希望他永远爱我，当然，我也是！”

秀晶被强烈的幸福感冲击着，仿佛美梦成真，自己已经拥有一切！

“好了！”才过一小时，秀晶就写完了，高高兴兴地把本子双手捧到老人面前，“这种感觉，真是太棒了！”

“瞧瞧咱家秀晶都向宇宙发出了什么愿望……爱情、男友、珠宝设计师……对极了！要记住，这不是你想要的生活，而是宇宙一定会帮你得到的生活！好啦，奶奶该和烤鱿鱼并列了！我们出去吃饭！”老人站起身来。

“您先吃吧，我回去啦！”秀晶抱起本子，志在必得，“我要从现在开始努力！今天我要学习珠宝设计，直到天亮！我要把吃饭的时间，看电影电视的时间，逛商店的时间统统用在学习上！每天睡五个，不，三个小时，直到目标实现为止！——当然，还有爱情，也要加倍努力！”

“那样的话，你不出半个月就会累得病倒，然后放弃。”老人把本子从秀晶手中轻轻地抽出来，“你把抱怨的时间都放在积极努力上，这非常好，不过，要以轻松愉快的心态来面对。你只要坚信你想要的事物会在你需要的时候到来就可以了，不要为它感到焦虑、担忧，更不要想你没有它将会多么糟糕。当你意识到生活轻松，而不是压力重重时，你才能更好更快地接近终点。”

“奶奶真英明！”秀晶做了个鬼脸。

“而且，现在太晚了，门外又没灯，你一个人走我真的很不放心！”老人慈爱地说，“干脆你今天就住我这儿吧，明天咱们去游乐园好好玩一天！对了，这个，你还要吗？”老人举起秀晶写满烦恼的最初的两个本子。

“放您这儿吧，等什么时候我再……啊！”秀晶还没说完，却发现老人把本子径直丢进了熊熊燃烧的壁炉里！

“秀晶，你过去的所有抱怨，所有痛苦、绝望和悲伤，都已不复存在！你现在所该做的，就是开始呐喊——凡是你所渴望的东西，你都有资格得到！不要再抱怨，不要再找借口，快朝梦想前进吧！”

# Part4 发现生命的**潜在动力**

◇实现梦想，源于点滴小事

◇魅力也是吸引力

◇学会为小事感恩

◇要别人改变，自己先要改变

◇强求公平，会放弃现实

# 15 实现梦想，源于点滴小事

“我一想到我要成为珠宝设计师，就兴奋不已！”

“我今天工作的第一件事，就是把丢在垃圾筐里的宣传页拿回来！”

早晨七点半，珊瑚工坊鲜艳火红的屋顶就出现在秀晶的视线里。

从母亲去世那天起，秀晶便一直在痛苦和绝望中抱怨，认为自己饱尝生活艰辛，但昨天，她的思想却彻底改变：滑稽可爱的偶人、惊险刺激的过山车、高潮迭起的魔术，还有老人慈祥温暖的笑容，构成了一个多么精彩的世界！而且这些，竟然在很久之前就一直存在！

“生活如此厚待我，我也要真心去热爱生活！”想着，秀晶又加快了脚步，却听见后面有动静，她的心猛跳起来，躲进小巷，果然，他走了过来。

是的——他。

他的容颜依然如阳光般灿烂，他的眼神依然如海水般清澈。他的身影映在玻璃窗上，一点俊秀，一点清朗，一点波光缱绻。

秀晶正望得出神，却听见传来几声呼喊："抓贼啊！"

一个贼手里抓着钱包慌慌张张地跑过来，灿秀试图阻止，贼却掏出了刀子，秀晶还没来得及叫出声，却见灿秀就地转身，一只脚飞旋起来，又高又快，在空中闪电般地划了半个圈，砰的一声击中贼的头部，贼斜着摔了出去，狠狠地摔在马路牙子上，好不容易摇摇晃晃地爬起来，就被追来的失主和警察抓个正着。

"真是太勇敢，太潇洒了！这样棒的男人，怎么会看上我呢？不，不能说不会，要想已经实现……实现，是不是我一辈子都只能这样看着他……不，这不是积极的想法，但是……"

秀晶痴痴地望着灿秀的身影，大脑一片混乱。

此时灿秀已经恢复了往日的儒雅，他朝警察和失主笑了笑，就向珊瑚工坊走去，秀晶轻轻地跟着，尾随他走进了玫瑰色大门，灿秀却没有注意到秀晶，或者更准确地说，根本没有想去注意。

"珊瑚姐！您真早！"灿秀声音平静，仿佛刚才什么也没有发生，"不好意思，有件事想和您商量，您现在有没有空？"

"你说吧，只要我能帮上忙。"珊瑚的语气总是那样温柔。

"非常抱歉，" 灿秀彬彬有礼地说，"我们公司今天和意大利商会联合办活动，特意从罗马买了台文艺复兴款的镶钻座钟，然而飞机因天气原因延误了。如果您方便的话，可不可以借店里的镶钻座钟摆一天呢？"

"没问题。"珊瑚立即把镶钻座钟搬过来。

"我写张借条，金额是……"

"赶快走吧，你这么早过来，一定很着急。"珊瑚宽容地说。

“谢谢，明天早晨一定还您！”灿秀恭恭敬敬地行了个礼，但还是写了张工工整整的借条，双手递给珊瑚，这才发现秀晶也站在旁边，礼貌地点了个头，小心翼翼地把座钟抱走了。

秀晶借口关门追出去，直到灿秀的背影变成依稀的黑点，才依依不舍地回来。然后，她像往常一样倒垃圾、擦桌子、拖地，但那个黑点却深深镌刻在心里。

忙碌的午休时间过后，珊瑚工坊恢复了原来的安静。

珊瑚又坐在电脑边记账，秀晶则继续捧起《珠宝首饰ABC》，读到“锆石”一节，方才一惊：天啊，宣传页！竟然忘得一干二净！

秀晶扑向垃圾筐，里面早已空空如也。

“怎么我才下决心就出这种事……”秀晶的抱怨脱口而出，但很快意识到不对，停了一下，拍了拍嘴唇，摸了摸口袋里的星红宝石，静下心来。

“那就再画一个吧！奶奶说过，抱怨不能解决问题，关键是立即行动。”

秀晶取出几张旧打印纸，在背面试着画起来，然而，首饰的造型，在心中却越来越模糊。

做了三个多小时的无用功后，秀晶只好放弃。

“星红宝石，告诉我方法好吗？”秀晶把星红宝石放在不是草图的“草图”上，直直地望着发呆。

“那天晚上我就想提醒你，但后来想，如果让你自己领悟，也许效果会更好些吧。”珊瑚停下了手中的工作，亲切地走到秀晶旁边，“咱们的记忆力，可不是电脑，存盘便可以记住。当你认为某件东西有用，或者受到某种灵感启发的时候，就应该立即收藏起来、拍下来或写下来，等你再使用的时候，就会轻松很多。”

“其实我是想收起来的，但是……要是您早提醒我就好了！”秀晶的抱怨又情不自禁地钻进了脑海——虽然，只敢在心里说。

“如果当时我要你改正，你也许就不会印象深刻了。”珊瑚好像听到了秀晶心里的话，“这就和我们小时候解数学题一样，如果老师演示一种方法，你没有深入理解，只是照猫画虎，下次遇到类似的问题，你还会解不开。但要是你自己通过层层推导算出了答案，再变化也可以触类旁通，对不对？”

“明白了！”秀晶仍有些不快，但想到老人讲过要尽快摆脱消极情绪，也就释然了。她把“草图”整理了一下，正准备当便条纸用，却被珊瑚接了过来。

“这些都是你下午刚画的？”珊瑚问道。

“啊，就是随手画画，我不行……啊，其实，我想说，我想做珠宝设计师，不过，不，可是，您别笑话……”

秀晶虽然心里想着：“要相信，要主动吸引你想要的。”但话一出口，就变成下意识的否定。

然而，珊瑚却似乎太专注了，以至于只听见秀晶中间那句话。

“你画得非常好！你说，你想做珠宝设计师？”

“是的，我真的很想！”

听到珊瑚的肯定，秀晶全身忽然充满了力量，语气也变得坚决起来。

“我一直等着你说出来。”珊瑚欣慰地点点头，“你这些天审美提高得很快，绘画基础也不错，而且，因为你热爱文学和历史，你对珠宝的理解，有一种诗意而朦胧的感性，这和宝石学专业的理性完全不同，反而会独辟蹊径。”

“真的吗？”秀晶不敢相信自己的耳朵。

“相信我，也相信你自己！只要你相信，就可以做到！”珊瑚深深地凝视着秀晶，然后，拍了拍她的手，从抽屉里取出一本书：“不过，要想实现你的梦想，你先要知道你梦想的盒子里需要装什么，然后再付诸行动。咱们现在就从基础开始，这本书，你今天晚上回去读一下。”

“好的！”秀晶接过书，暗下决心，再艰深的理论，也要攻下来！

然而，她一瞥封面，却愣住了。

《优雅》(A Guide to Elegance)，法国热纳维耶芙·安东丽·德阿里奥(Genevieve Antoine Dariaux)著。扉页写着 “献给永远出色得体的女人们”。

“这书好像不是讲珠宝设计的啊？”秀晶如丈二和尚般摸不着头脑。

“你先读，明天咱们再好好聊聊。”珊瑚神秘地笑笑，又从抽屉里取出件东西：“还有，这个给你，可不要再乱丢了啊！”

“啊！”秀晶几乎高兴得跳了起来——是那张广告宣传页！

## 16 魅力也是吸引力

闹钟响了。

秀晶懒懒地翻了个身，迷迷糊糊地将手伸向闹钟，但是……

闹钟？……钟？……座钟！他今天早上要来还座钟！

我要立即赶到珊瑚工坊，越快越好！

服装、化妆？见鬼去吧！哪怕只是远远的一瞥，哪怕他根本不会注意到我……

秀晶如弹簧般跳了起来，穿上衣服，匆匆抹了把脸，便握紧星红宝石箭一般冲出了家门，心里反复喊着：

“我要在他到店前顺利到达！我要见到他！”

然而，愿望终归只是愿望。秀晶风风火火地闯进店里，却发现珊瑚正在把镶钻座钟放回原处。

“哦……”秀晶无法掩饰内心深处的失望，所有的抱怨都化为沮丧的神情。

“哦？”珊瑚的失落感，好像并不比秀晶少。她反复打量着秀晶蓬乱的头发、苍白的嘴唇、皱皱巴巴的裙子，以及溅满尘土的皮鞋，好一会儿才说：

“秀晶，昨天的《优雅》，你读了吗？”

“我……读了。”秀晶喘了一大阵，才把句子表达连贯：“昨天书看得太晚，早上闹钟坏了，我怕迟到，就……”

前半句确实是真话——秀晶心想。

“那你觉得你现在的形象，哦，是否优雅呢？”珊瑚接着问道。

“我先工作，午休时就收拾！”虽然一目十行，秀晶也领悟了书中的主旨——要想成为有品位的女人，形象、服装及整体搭配至关重要。

“不是午休时，而是现在、立即。”珊瑚的语气柔和而坚决，“我曾经对你说过：

你自己感觉美好，才能让别人感觉美好。

对不对？为人处世如此，外表形象亦应如此。珠宝设计是发现美、创造美的职业，如果你自己都没有对美的由衷热爱，你又怎么可能去让别人更美呢？

你没有把美放在你的思想里，时时去关注它，那么，它就不会出现在你未来的生命中——好好想想，是不是这个道理？”

“啊，看样子我是选错职业了。”秀晶心想，“要是当个职员、老师什么的，可能就不会这样麻烦……”

“你该不是想，要是不做珠宝设计师，就不用费心打扮了吧？”珊瑚每次都能读懂秀晶的心思。

“这个，”秀晶低声辩解道，“妈妈说，女孩子太爱打扮是不对的……”

“你妈妈说得没错。”珊瑚点点头，“女性把精力时间全部放在外表上，是不自信、不平等的表现，毕竟，女为悦己者容的时代已经过去，女人只要努力，照样能成为优秀的作家、科学家、经济学家……甚至富翁和总理总统，对不对？”

“那当然！”

“不过，”珊瑚停了一下，“这并不意味着，女人的衣着就可以随随便便了，相反，形象可是女人的名片，是展示女人创造、独立、自信和责任心的窗口！你不也见过《ELLE》封面上的乌克兰前女总统吗？她虽然不如模特楚楚动人，但她的勇气、坚定和干练，却在精心修饰的金色长辫下呼之欲出，即使我们不熟悉，甚至不认同她的政治主张，也会感到一种发自内心的亲切和热情，自然而然地，就产生了想和她沟通的愿望，是不是呢？”

“是。”秀晶决定再逐字逐句地读一遍《优雅》，而不是如昨晚那般囫囵吞枣。

“我们普通女人，形象就更重要了。” 珊瑚意味深长地扫了一眼镶钻座钟，“把自己打造成优雅、有情趣的女人，不但会使我们更爱自己，更加坚强自信，更加有勇气去创造真实的内心世界，还会使我们散发出更加迷人的魅力，从而获得同样迷人的爱。如果我们对自己的形象漫不经心，自己不把自己当回事，就等于放弃了自己，放弃了对幸福的追求。

幸福，自然也只能离我们而去。”

“天哪！”秀晶突然后怕地想，“幸而我来晚了，没有让他见到我这副样子……真是谢天谢地……”

“明白了！我这就去收拾！”秀晶丢下扫帚就向洗手间跑，却被珊瑚叫住了。

“早上客人少，你顺便试试这个吧，不合身我赶紧去换。”珊瑚递给秀晶一个服装袋，里面装着件黑色小礼服，“明晚卡地亚（Cartier）有个精品展示会，展出最著名的鳄鱼项链和蜥蜴手镯，你跟我一起去。”

“太贵了，我不能收……”秀晶连连摆手。

“这不是名牌，而且是过季打折的。”珊瑚说，“然而，黑色小礼服是PARTY最保险的穿法，任何身材都可以穿，还可以配任何档次的珠宝。像这种没有亮片的平常款式，配上休闲饰品，平时晚会、郊游也很适合，放心吧，不会浪费。”

秀晶接过小礼服翻看，发现是常见的中档品牌，打折后的价格完全能承受。

“还有。”珊瑚又从柜台下取出一对纯银紫晶耳环。这种耳环秀晶很熟悉，仅这一个月，就被附近写字楼的小白领们买走了十几副。

“你该不会想，珊瑚姐真抠门吧。”珊瑚笑容甜美：

“优雅，绝不是奢侈的同义语，更不是某些特殊人群的专利。女人的美，是由内而外自然散发的，如果认为有了钱才算优雅有自信，那反而是把自己看轻了。只要搭配得当、精打细算，即使月薪再少一半，也照样能很优雅。

如果你还不信，明天就试试，好吗？”

“好的！谢谢您！”秀晶向珊瑚行了个礼，就向洗手间跑去。其实，比它们价格更高的衣饰，秀晶也曾偶尔穿过，却都没有这两者搭配得高贵妩媚，使人信心满满。

“奶奶不会埋怨我不朴素吧？”这个念头，朦朦胧胧地掠过秀晶的脑海。

# 学会为小事感恩

“我这身打扮，究竟该不该敲门呢?”秀晶抬起手，又放下了。

都是黑色小礼服惹的祸。

卡地亚（Cartier）精品展盛装名媛济济，然而，身着黑色小礼服的秀晶还是被不少人所瞩目，特别是和她年龄相仿的服装记者，竟有三五个前来搭讪。

秀晶深受鼓舞，而后便在珊瑚指导下，一鼓作气买下浅灰色羊毛衫、黑色羊毛裙、鲜红色外套和丝巾，被客人啧啧称赞后，又加了几条丝巾搭配更换。结果今天，当她意识到太鲜艳时，已站在了老人的小屋外。

“请问您是？”秀晶正犹豫着，门开了。

“秀晶真漂亮！”老人兴奋极了，“我正发愁怎么和你聊视觉化呢，这下好了！”

“视觉化？”老人复杂的专有名词，秀晶总是要等解释才能明白。

“就是你看到你想要的事物的画面。”老人把秀晶接进小屋，

“先不说它，上次你打电话说参加了一次精品展，是怎么回事？”

“啊，那简直太棒了！”秀晶眉飞色舞地向老人描述着。

“秀晶，你讲得真好！当时衣香鬓影的场面，我好像看得一清二楚！”老人给秀晶送上一听可乐，秀晶毫不客气地喝了一大口。

“你说卡地亚的珠宝设计师来了，她穿的是什么裙子呢?”老人接着问。

“也是黑色礼服，是大摆宽绸黑色多层吊带装，剪裁好极了，再加上优雅的发型化妆……哎呀……其实她身边站着好几个专业模特，可都没有她有气质！”

“那么，你愿不愿意有朝一日也像她一样，身着高贵礼服，由模特簇拥着，向来宾介绍自己的设计作品？”

“当然啊，想想就让人兴奋！”秀晶的脑海里浮现出和那天一样流光溢彩的场景，但是，那个身着大摆宽绸黑色多层吊带装的设计师，就是自己！模特们如众星捧月般围在她身旁，然后，是酒杯、鲜花、掌声……

“这就是视觉化，是吸引力法则中提到的，提高自我认知度，把消极情绪转为积极情绪的强效方法。”老人等秀晶彻底从陶醉中回到现实，才说道。

“奶奶坏，我又上您当了！”秀晶孩子似的撒着娇。

“秀晶，你变化很大，已能有意识摆脱抱怨和消极情绪，这很好，不过，还不够。”老人和蔼地说，“如果你只是想‘总有一天我会成功’，你的焦点就不是现在，而是未来，结果，你的感觉就只能停留在未来，你想要的东西自然就只会在未来等着你了。”

“所以我要对自己说，现在……”

“现在，就像刚才那样真切感受你所想要的一切，还可以多想想细节。比如大家如何向你敬酒，你又如何向大家介绍你的设计，让你所看到的事物动起来，你就会乐在其中。这可不是痴心妄想，而是你心灵深处的呼唤。”

“我以后天天睡觉前都这么想！谢谢奶奶，太谢谢您了！”秀晶抱住老人亲了一下，“感谢上天，让我遇到了您！要心想事成，还有别的方法吗？”

“有，不过，你已经基本掌握了。”老人的语气亲切而平静，“就是感恩！”

“难道，说一句‘谢谢’也能让我成功？”

“不是一句，而是无数句，而且，随时随地。”老人继续分析道：

“你刚才说，要在每天睡觉前享受成功的感觉，我再补一句，还要在每天起床后写下三五件你感恩的事，让你一整天都沉浸在感恩的氛围中。”

“每天三五件？要是我没有遇到那么多要感恩的事呢？”秀晶不解地问。

“怎么会呢？在我们每个人的生命里，都有许许多多的事可以感恩。有些是大事，比如升学、就业和爱情亲情，但更多的是常常被我们忽略的小事。

你的感恩不要有局限，要为所有最微不足道的小事而感恩——就连以前觉得理所当然的事也不例外。如果有人为你扶住门，或好心帮你提东西，都要当成是这个宇宙丰盛的祝福，如此一来，你也会引来更多祝福。感恩，会让你整个心灵都变得和谐，会使你更加面对真实积极的自己。”

“如果那样，一天三五件可不够呢！”秀晶点着星红宝石说。

“对啊，快乐就在我们周围，就在当下。要是你对生活没有感激之情，总是抱怨来抱怨去，你就会思想消极，不会有积极的期盼，自然，也就不会拥有自己想要的东西。是不是呢?”

“好像是。”秀晶亦有同感。

“比如我遇到你那天，你下雨迟到被炒，便怨天怨地怨同事怨上司，最后又改为抱怨自己，就连别人夸你一句，你都认为是对方瞎了眼。然而，后来也是下雨，你却想，感谢失业！感谢我终于可以做所有自己想做的事！别人淋着雨追公车时，我却可以在甜点屋里尽情享受！等天晴了，我再意气风发地去找我喜欢做的工作，对不对？”

“奶奶，您真是个圣人！”秀晶简直对老人佩服得五体投地。

“我要是圣人，早就骑着扫帚飞走了。”老人开了个玩笑，“来，现在就想想你要感恩的一切，以前的先不管它，就从咱们俩见面说起吧！”

“谢谢老天让我遇到了您。”秀晶掰起手指头一个个数起来，“谢谢您给我星红宝石，让我找到了喜欢的工作，更重要的是教我如何做人，如何实现梦想；谢谢老天让我遇到了珊瑚姐，谢谢……”

啊，手指头远远不够了，要感恩的事，竟然多到数不完！秀晶索性拿出纸笔，一条条罗列起来。

“当然，有一条不能写，即使对老人，也不能说！那就是感谢老天让我遇到了‘他’，我第一次见到他时，情况好险啊……”

突然，贞雅和穿闪亮条纹套装的男人出现在秀晶眼前。

“可是，奶奶，这世界不是十全十美的，即使遇到不公平的事，我们也必须要感恩吗？”

“是！”老人的神色没有丝毫迟疑。

## 16 要别人改变，自己先要改变

“都怪你！忽悠我买这对绿松石耳环，大家都笑话我！”

贞雅一进门，就把绿松石耳环狠狠地摔在秀晶面前。

秀晶早知道贞雅一定会回来。

要是过去，秀晶准会脱口而出：“你到底讲理不讲理？”或“我早告诉你不好看，活该！”但现在她明白要想解决问题，应当使用更委婉的表达方式。

“抱歉，是我们工作没有做好。”秀晶语气平和，“请问您为什么会这样想呢？”

“配格子装，简直俗不可耐！我不甘心，又配了同色的手镯和项链，结果所有人都说，我像90岁的老奶奶！”

“老奶奶也没这样的！”秀晶脑海里闪过老人质朴简洁的长裙，但说出来的却是：

“您的容貌很美，服装也很到位，不适宜配款式复杂的珠宝，只需稍加点缀就可以。当时您购买时，我想以您的品位，一定会参加各种PARTY，就推荐了这一款。这种耳环是古典式的，如果搭配素色的礼服，会更加彰显您的靓丽。”

“这话说起来真叫别扭！”秀晶心想。然而……

——如果你想要其他人改变，你自己就必须先改变。

——你的态度，也就是你内在思维的外显表现，它往往会决定人们和你之间的关系。

——批评就是抱怨的一种，而且是带着利刃的抱怨，如果我们针对某人而发出批评，就是意图贬低此人。

秀晶还在回想着珊瑚的劝导，贞雅的口气却已经由诘责变成了疑问。

“就是说，这种耳环适合配素色晚礼服？”

“您说得非常对。”对方语气变了，秀晶的心态也起了微妙的变化，表达越来越流畅，“您看，这本杂志封面的模特身材很一般，但因为她只穿一件白色晚礼服，戴着一条红宝石项链，感觉就非常清朗精致。您身材这么好，如果也这样穿戴，一定比她更漂亮！”

我是在故意讨好贞雅吗？秀晶轻声问自己。

不是，我说的是真话。从秀晶心底荡起个声音：贞雅确实很美，也很善于人际交往，正因为她的美，正因为无数人都围着她转，我才自怜自卑，才嫉妒她。她是经常找我麻烦，但同时也有很多矛盾是我心理不平衡故意引起的。我应该有勇气面对自己，发现自己的优点，也正视自己的缺陷……

差点忘了，还有正事。

秀晶从抽屉里取出一沓钱，继续说道：

“当然，如果您认为这款耳环不适合您，我可以向您推荐其他的款式，或者为您办理退货手续，并衷心感谢您的宝贵意见！”

“慢着。”贞雅把手向后一缩，“我还没想好是不是退货……”

“不是为您退货，而是归还您多付的钱。”秀晶真诚地说，“非常抱歉！上次因为我说话没有注意方式方法，造成了我们沟通的障碍，您男朋友一气之下，多付了一倍的钱，我当时情绪不佳，没有注意，直到盘点时才发现。因为没有您的地址，我只有收好等您来取。”

“啊！”贞雅这才想起男友说的话，脸一下子红了。

——“你敢骂我女朋友?这是耳环的钱，数清楚了吧，你给我跪下道歉，我就付你双倍，不然，我就把你这店砸了！”

“不，其实……其实我们花钱大手大脚，多点少点都没概念，你不说……我、我根本就没想起来……”贞雅咄咄逼人的口气忽然变得结结巴巴。

“我想您可能疏忽忘记了，就一直为您留着。”秀晶这才意识到，其实贞雅的为人，也并非一无是处，像现在手足无措的模样，就挺可爱的。

贞雅接过钱，把绿松石耳环放回手包里，尴尬地点点头要走，又被秀晶叫住：

“不好意思，请允许我最后再说一句。您真的很美，以至于我过去经常嫉妒您，甚至讨厌您，结果给您添了许多麻烦，非常对不起！”

这是秀晶发自内心的肺腑之言。

贞雅没有应声，低着头匆匆向外走，却又忽然停住，过了好一会儿，才嗫嚅着说道：

“秀晶，该说对不起的，是我！”

秀晶和贞雅做了近一年同事，但说的心里话，比今天的1%还要少。

“你知道吗？秀晶，我曾经特别特别地嫉妒你……”话匣子打开，贞雅便滔滔不绝。

“嫉妒我？”秀晶吃惊不小，难道自己竟然有值得贞雅疯狂嫉妒的地方吗？

“是啊，你有妈妈，多好啊！”贞雅的眼泪一串串掉下来，“我爸爸妈妈原来都很穷，爸爸发财了，就开始玩女人，妈妈气跑了，再也没回来……后来爸爸又结婚了，新妈妈心里只有她自己的孩子……他们爱我的方式就是钱，我要什么名牌他们都买，所以从小到大，我的打扮总是全班最好的，也总有男人围着我转，只有这样我才能感到自己有人尊重、有人喜欢……记得咱俩有次吵架，你气极了，说，我要告诉妈妈去！同事们笑成一团，只有我感到全身冰凉！等你抹着眼泪走了，我也在没人的时候，痛哭了一场！”

“可是，我妈妈也在不久前去世了！”秀晶泪如雨下，然后，两个曾势不两立的夙敌便相抱着大哭起来。

## 14 强求公平，会放弃现实

珊瑚去意大利探望丈夫孩子了，要一星期才能回来，店里没有其他客人，秀晶和贞雅痛痛快快地哭了个够，终于平静下来，开始叙旧。

“秀晶，”贞雅低声说，“我以前对你那么……那么不公平，你就真的不抱怨我吗？”

“不但抱怨，我还想过，只要有机会就要狠狠报复你！”秀晶坦率承认，“不过奶奶告诉我：

强求公平也是常见的抱怨，总沉溺其中的人，就会放弃对现实的追求，更不可能创造幸福！”

那天老人说的每句话，秀晶都记得一清二楚。

“绝对的公平，是不存在的。”

老人循循善诱地说："鸟儿吃虫子，对虫子来说就是不公平的；虫子吃树叶，对树叶来说也是不公平的；就连你，秀晶，你有星红宝石保佑你实现梦想，对于其他没有宝石的人来说，是不是就算不公平呢？"

"哦……"秀晶抚弄着袋里的星红宝石，"但是……"

"如果你总是抱怨这不公平那不公平，你的人际关系一定不会和谐。"老人一语中的：

"'这太不公平'，就是一种常见的抱怨，你在说话的同时，肯定是在把自己和别人比较，根据别人的行为确定自己的得失，而不是把你自己的观点、理想、目标放在第一位。

你反复抱怨 '为什么他能得到，我就得不到？''我没能那么做，为什么他能那么做？'甚至'不就是唱歌吗，为什么他唱几分钟就够我辛辛苦苦做一年？'然后你就陷入深深的苦恼中，在'抱怨轮回'中周而复始，不必想着自己要负什么责任，放弃你对现实目标的追求，你的人生，自然就不再是一块磁铁，你就不可能吸引到你真正想要的东西。"

"就是有这些事嘛……"

"然而，你这样说有什么用呢？你解决问题了吗？没有。歌星下次的出场费更多，而你，除了浪费时间，什么也没得到。

为什么你觉得不公平，要抱怨，甚至嫉妒、报复呢？是因为你按别人的标准来衡量你自己，让别人的思想来支配你的情感、左右你的情绪，你没有自信自爱，认识到你自己的价值，你在按别人的标准生活，以别人的成功来衡量自己的幸福，来打击自己。”

“是，电影里好多把报复作为终极使命的人，即使是正义的，自己的一生也过去了。”秀晶有所领悟。

“对啊。”老人继续说下去，“我们常说的‘不要因为别人的错误而惩罚自己’，就是这个意思，你何必要因为别人的行为造成自己精神上的不快呢？”

抱怨的好处，就是能把自己失败的理由完完全全地推给别人。

“也没说推给别人嘛……”秀晶低声申辩道，但显然底气不足。

“那你说这些有什么用呢？”老人总是那样和蔼，“咱们说过，抱怨的最终目的，最后只能是解决问题。

如果你确实觉得不公平，就是你在某些方面不如人，你就应该感恩，感谢对方使你发现了自身的不足，然后立即开始行动，确定你自己的目标，并按目标不懈努力。对不对？”

“是这个道理，但对方不就得逞了吗？我还是委屈了。”

“那就，还有别的办法。”老人一本正经地说，“别人偷了你一个钱包，你觉得不公平，就去撬他的保险柜；别人踩了你一脚，你觉得不公平，就去把他打残废；别人点着了你的桌子，你觉得不公平，就去烧他家房子……”

“停停停！”秀晶笑得前仰后合，“那我成什么人啦！这样还不乱套了！”

“可是你公平了，不是吗？”老人也笑了，“所以，绝对的公平是不存在的，即使法律亦是如此，电影里常见的台词‘他杀了我全家，为什么我就不能亲手杀了他’就是这个道理。被通缉的抢劫犯都比你有钱，你为什么不认为不公平呢？因为你自信自爱，坚信自己的所作所为是正确的，坚信法律道德和你的观点一致，即使遇到不公平，你也会采取最适当的方式解决，而不是单纯的抱怨甚至报复。”

“但那是大是大非啊，遇到日常小事，难道我就只能忍着吗?”

“有位心理学家说过：

天下只有三种事：我的事，他的事，老天的事。抱怨自己的人，应该试着学习接纳自己；抱怨他人的人，应该试着把抱怨转成请求；抱怨老天的人，请试着用祈祷的方式来诉求你的愿望。这样一来，你的生活会有想象不到的大转变，你的人生也会更加的美好、圆满。”

“把抱怨转为请求？”秀晶疑惑地问道。

“对。比如你对贞雅不服气，可以采用两种方式：一方面，你要提高自己的工作能力、人际沟通能力，甚至衣着打扮技巧，让她对你另眼相看；另一方面，你要和她沟通，多发现她的优点，但同时，也让她认识到自己的错误。”

“沟通？这我也试过，有次她外出回来很晚，埋怨我没给她买盒饭，我还尽量平心静气地说：‘我如果晚回来总要给你打电话，可你为什么不给我打电话？’可结果呢，她又嚷嚷起来了！”秀晶撅着嘴说道。

“你这样说，其实还是抱怨不公平，再加上质问的语气，她当然不高兴了。可要是你换种语气呢？”老人启发道，“比如，‘我觉得你要是给我打个电话，就更好了。’她要是继续发火，你还可以说‘真的很遗憾，但是’或‘你我有所不同，不过你有时的说法我真的暂时难以接受’，至少就不会激化矛盾，对不对？”

“要不是奶奶的话，我可能现在还在抱怨你呢！”秀晶结束了回忆，说道。

“啊，我明白了。”贞雅也点点头，“我也常会遇到不公平的事，听你这样说，才知道自己也要少抱怨、多反思，要多向你学学……秀晶，你真是令我刮目相看，就连外表也是！你在卡地亚展会上拍的照片真漂亮，就是耳环不大清楚……”

“那好办！”秀晶取出纯银紫晶耳环，“帮我戴一下可以吗？”

贞雅举起耳环，这时——

门响了，走进来一个人。在他面前，一个似曾相识、衣着鲜艳时尚的姑娘，满脸洋溢着幸福的笑容，过去的仇敌，正带着同样轻松快乐的神情，为她专心致志地戴耳环。

“秀晶，你，真漂亮！”灿秀愣了一下，才说。

他——终——于——注——意——到——我——啦！！！

整个世界，对于秀晶来说，仿佛都不存在了。

# Part5
# 吸取教训，比抱怨要好

# 20 别让赞赏阻碍我

“做珠宝设计，其实，也没什么难的！”

秀晶画完最后一颗钻石，打了个长长的哈欠，拉开窗帘，天已大亮。

是的，这款钻石项链设计得的确完美：长长的18K白金颈巾形项链上，几千颗璀璨的钻石在明净的线条上争相起舞：有的似飘雪四散，有的若瀑布轻泻，有的如流云写意，仿佛一个个充满活力的生命，在大自然中纵情歌唱。

“设计班老师一定会表扬我的！还有珊瑚姐！”秀晶越想越开心，激动地在屋里转了个圈，“当然，东元、贞雅也都会称赞我的，他也会大吃一惊！虽然我们来往多了些，他还是把我当成天真幼稚的小妹妹，让人家心里……所以，我一定要做个最好的设计给他看，让他知道我这几个月业余设计班没有白读……他夸奖我的时候是什么样呢？想想就让人兴奋……只可惜今天是星期天，我总不能主动去找他吧……对了，奶奶！”

秀晶打定主意，匆忙啃了几口面包，便开始化妆。如今，讲究衣饰、打理妆容已成为她的生活习惯，毕竟精致的妆容和服饰是女人自信的标志，即使只是去找奶奶，也马虎不得！

“这项链太漂亮了！”老人同样兴奋，拿着放大镜，仔细观察着图中的一颗颗钻石。

“就是！因为我特别努力，绘画基础也好，老师说我是班里进步最快的学生！”肯定自己时，秀晶已没有丝毫犹豫。

“那么，这幅设计图是老师留的绘画作业吗？”老人随口说。

“不是作业，会变成真的呢！”秀晶得意之情溢于言表，“老师对我说，你不是在珠宝店工作吗，就设计一款能代表你们店的珠宝吧！要是合适，我就推荐到珠宝公司去批量生产！”

“哦？”老人有些犹豫，“不怕秀晶笑话，奶奶真的不懂珠宝啊，不过……这条项链，如果卖的话，要多少钱呢？”

“钱？”秀晶这才意识到自己忘记了这个非常重要的现实问题。成本核算珊瑚讲过，书里读过，可是在设计时自己却连想都没有想过——毕竟画一颗钻石比买一颗钻石方便多了。

“就按比较保守的价格计，并且中档的……啊！”见到老人走来，秀晶匆忙把计算器压到手心下面，因为它显示的，是个连富翁都会目瞪口呆的天文数字。

“不看我也能猜出来，肯定很可怕！所以也许就不能批量生产了，是不是？”老人笑容慈祥。

“人家可是辛辛苦苦地画了一天一夜！”秀晶大受打击，眼泪不由自主地掉了下来，“您就知道挑毛病，就不能鼓励鼓励我吗！就不能说点好听的吗？”

“好好好，我们秀晶真聪明、真努力、真能干，奶奶真喜欢，行吗？”

“这还差不多。”秀晶小声嘀咕道。

“但是，秀晶，你为什么不想听真话呢？”老人等秀晶平静下来，才问道。

“因为，因为这是我的第一次设计，我不想让别人说我不行嘛！”秀晶吞吞吐吐地说。

“也就是说，你还是在抱怨自己，没有认识到你自己的价值。咱们不是说过吗？”

没有安全感、质疑自己的重要性、不确定自我价值的人，才会抱怨。他们昭告自己的成就，希望看到听者眼中投射出赞赏的目光，归根结底，他们的内心深处还是在否定自己。而真正自信自爱的人，则是时时自我感觉良好，不必通过他人的目光来肯定自己，不需要告诉别人自己有多棒。

老人的话意味深长：“秀晶，你很想取得成绩的心情可以理解，但是你毕竟经验不足，很可能会顾此失彼，过于理想化，这也是常见的。关键是，你如何认识你自己，如何对待别人对你的评价。”

“谁都想听好听的嘛！”秀晶想起珊瑚说过的话。

“在人际交往中确实如此，但事实上，每个人并没有义务随时恭维你。

如果你的目标只是让别人称赞，一旦你不能如愿以偿，便会抱怨沮丧——像刚才那样——从而放弃继续奋斗的决心和努力。是不是？”

“是的。”秀晶承认老人说得对极了。

“爱听恭维话，和盲目需要别人的称赞是两回事。你在心里说：不要相信自己，先听听别人的意见如何，然后若出现了情绪问题，你也可以完完全全地把责任推给别人，自己却像一只蜗牛，躲在抱怨的壳子里，不愿去奋斗。

这就像吸引力法则倒过来，你的思想如此不美好，美好怎么会应答你的召唤呢！比如刚才，你就可以抱怨说：就是因为奶奶没说好话，我才伤心的，她要什么都不说，我会一直快快乐乐的！”

“也……没……”秀晶的声音低得连自己都听不见。

“结果，你又把自己的情感支配权给了别人，把自己的价值给了别人，别人的意见比你的意见重要，别人自然也就比你重要。那么，你自己又在哪儿呢？如果你连自己都找不到，又谈何实现梦想、吸引成功呢？”

秀晶点点头。

“咱们就以珠宝为例，比如你设计了两件首饰，一件极其一般，一件相当完美，但我却称赞了前者，贬低了后者，你会按照我的意见修改吗？”

“当然不会。”秀晶一龇牙，“因为我知道您不懂，您的意见……

嘿嘿……"

"可要是你们设计班的老师，或者珊瑚这样说呢？"老人接着问道。

"那我也要……想想。"秀晶停顿了几秒钟，"改图纸还容易，改成品就麻烦了，必须想到最好的解决办法，要是别人还有不同意见呢？成本也是问题。"

"秀晶有进步，终于想到钱了！"老人笑了，"而且，你说得也很好啊，你对你的设计有非常明确的认识，自信自爱，能判断是否接受不同意见。毕竟，这世界太大，要使每个人满意是不可能的，能使50%的人满意就不错了。

"才50%啊……"

"这还是最高比例！

如果你能认识到你的每个观点、每句话，都可能会遇到反对意见，你就可以摆脱抱怨的困扰，而积极地面对人生，面对你所想要的一切。只要你预想到会有反对意见，你就不会抱怨，更不会将别人对你的某种观点、某种情感的否定视为是对你整个人的否定，而一蹶不振。

对不对？可别忘了，吸引力法则的要义，就是想着美好，才能得到美好啊，你绝望了，美好又从什么地方来呢？"

"我明白了！"秀晶理解了老人的话，"回去我就重新设计，要性价比高、要美观、要实用……啊！"她刚要起身，却眼前一黑，倒在了老人怀里。

“这孩子，累坏了！”老人怜惜地把秀晶扶到床上躺下，又倒了一大杯暖暖的柚子茶，“从现在起，只准想着你自己健康健康再健康，不许再想其他的事情！健康，也是能靠意念解决的！”

“好的。”秀晶在心中默念了十几遍“我很健康”，又喝下大半杯柚子茶，感觉舒服了许多，但是，不想别的，实在做不到。

我不能生病，不，我要健康！下周六还要和珊瑚姐、东元哥和他一起郊游呢，那也将是我们的第一次郊游，太令人神往了……

# 21 想生病吗？多想想就行

“你们要去郊游？去哪儿好呢？要不，就野外烧烤吧！”听到秀晶的描述，贞雅的心情也激动不已。

“你也跟我们一起去吧。”秀晶拉着贞雅的手说。

“你知道的，我男朋友不喜欢我和别的男人出去玩，甚至有女伴都不行……”贞雅的声音骤然低落。

“可是，你自己的意愿呢？”秀晶问道。

“我，我是女人，当然应该多听男人的……”贞雅曾经的骄傲荡然无存。

秀晶还想接着说下去，却发现灿秀愁容满面地走了进来。

我有什么资格指责贞雅！秀晶对自己说，我难道不是吗？每次看到他，就彻彻底底、干干净净、完完全全地忘记了自己！他就是我的希望，我的生命，我的阳光，我的一切的一切！

只是，今天这阳光似乎有点阴暗……

“贞雅，你好！”灿秀冲贞雅勉强笑笑，又转向秀晶：“珊瑚姐在吗？”

“她刚出去，有事吗？”秀晶关切地问。

“实在抱歉，后天郊游我不能去了，母亲从济州岛打来电话，说父亲心脏病发作住院，让我立即回去。”灿秀依然彬彬有礼，却有些神情恍惚，“秀晶，可以帮我选一对祖母绿耳环吗？我想送给母亲，也许她的心情能稍好些。”

“请问伯父心脏病经常发作吗？”秀晶还在想着如何措辞，贞雅就冒冒失失地开口了。

“不，他身体很好。”灿秀苦笑着说，“在我记忆里，他最多就是发烧感冒，现在六十多岁了，还经常锻炼身体！前几天，他有个老友突然心脏病发作，做了六个心脏支架才抢救过来，他也突感身体不适，出现了很多相似症状。恰好我家邻居是医院院长，一听他的描述，立即送他入院，病床就在老伯旁边，据说，至少也要搭四个心脏支架……”

“请问，伯父和生病的老伯关系好吗？”秀晶正弯腰到柜台深处取耳环，却直起身来。

“非常好，是几十年的老朋友了！那老伯平常身体也很棒。谁知道现在……”

“抱歉，再多问一句，他们是同时发病的吗？”

“不是，父亲是老伯确诊之后才发病的。父亲去看老伯时，老伯一直向他抱怨症状，回来后父亲就开始觉得不舒服。”

“那，你有没有想过，伯父也许没有病！”

说完这句话，秀晶自己都吓了一大跳！

但是，面对灿秀和贞雅惊愕的神情，她只能继续说下去，别无选择。

“奶奶告诉我说

身体的疾病是靠思想、对身体不适的观察和注意力来支撑的，有三分之二的疾病是源自于心理状态。心里相信什么，身体就会表现出来。换句话说，就是想着得病，身体上就会有反应！

如果伯父和生病老伯关系很好，老伯又将所有症状都告诉了伯父，伯父就有可能由担心老伯转成担心自己的身体，从而发生抱怨，产生压力，把限制健康的能量散发到全身。”

“思想的作用，真的这么大啊？” 贞雅听得全神贯注。

“是有点关系。”秀晶点点头，打开展示柜，“奶奶告诉我，医生如果告诉病人，有种特效药能治病，这种药对这些病人发挥的功效，就要比使用相同药方，却没有接收这项信息的病人要大好多！我有个表弟小时候不爱学习，稍有小病，就故作姿态，抱怨个没完没了，以便堂而皇之地逃学，待在家里看电视。可是，他常常在抱怨身体不舒服之后，发现自己病得更重了！后来经过心理辅导，他才知道：

所谓生病，就是他的抱怨对身体诉说了而已！”

“你该不是说，是我父亲自己想要得病的吧！”灿秀的脸色变得更加苍白。

全完了！秀晶心想：我真不该说这些！他一定不相信，一定会从此讨厌我了！如果那样，以后我该怎么办？

但是，我说错了吗？没有，我相信我的理论是正确的，即使没有他的认可，我也坚信我的话绝非空穴来风，至少，有值得一试的可能性……

“对不起，可能我没把意思表达清楚，但由于抱怨引发身体疾病的事情真的很多。”秀晶一字一句地斟酌着用词，“为保险起见，你把伯父接到首尔来做全面检查好吗？至少首尔的医疗条件比济州岛好，检查也会细致些。”

“这是个好主意。”灿秀的神情稍微放松了些。

“原来，想着生病就会生病！”贞雅有所领悟。

“对。”秀晶避开灿秀的目光，继续找祖母绿耳环。

“我们的身体，就是思想的产物，我们的生理机能会借生病告诉我们，我们的情绪遇到了问题。

奶奶举例说，两个人得了同样的病，一个人每天对自己说‘我身体很好，我非常快乐，我非常享受生活。’他的病就一天天好起来了，而另一个人却反复对自己和别人抱怨说‘我病得很重’，结果他的病就越来越严重。”

“所以奶奶说，无论发生什么事，即使得了重病，都要对自己说‘我很健康’。”秀晶放下一个首饰盒，拿起另一个：

“思想可以让我们健康，也可以让我们生病！当我们抱怨健康问题时，就是丢出负面情绪，让我们的身体听见而烙下印记，我们的想法就将这股能量导入体内，引发身心疾病。换而言之，如果我们把全部的思想都放在疾病上，就等于邀请疾病的到来！

因此当我们去探望病人时，最好不要听他抱怨疾病，如果他主动抱怨，也要及时把话题引开，因为这样只能使他的病情更重……啊，找到了！”

秀晶取出一副造型质朴的祖母绿耳环：“这款耳环设计简约，价格也很合理，非常适合伯母！而且，祖母绿象征幸福、幸运、美好、长久，我衷心希望伯父能早日恢复健康！”

灿秀接过耳环，付了钱，却只扫了一眼。

“你刚才说，即使得了重病，都要对自己说‘我很健康’？”

“是！”秀晶神情坚定地点了点头，“珊瑚姐常说，只要相信，就可以做到！我不是医生，不敢妄下结论，但我建议你试试，请你反复告诫自己，也请伯父这样想：请相信自己，我们都会很健康！”

“好的！”灿秀点点头，“我要告诉全家都这样做！我有个女同学在首尔最好的医院做外科护士，我立即去找她，把父亲接过来做全面检查！”

灿秀迈着轻快的脚步走出玫瑰色大门，秀晶脑海里却闪过个可怕的念头：

我在用我的爱情豪赌！只能赢，决不可以输！

# 22 受骗了，面对还是逃避

灿烂到几乎变成金色的阳光，掠过川流不息的汉江，在草地上打个旋，停留在珊瑚工坊的顶端，小屋都倏地灵动起来，仿佛变成披上金色面纱的娇美新娘。

秀晶一边仔细擦洗着柜台，一边高兴地哼起歌来。

世界是美好的，不是吗？灿秀父亲经检查安然无恙后专程来道谢那天，是她25年人生中最幸福的一天！而且，灿秀在医院工作的女同学长得真美！和灿秀堪称金童玉女！只是，注视他们时，她为什么心中会有一种微妙的酸涩盘旋而上，渗入刚刚漾起的甜美之中？

不，我应该态度积极些，要多想正面的事情，要相信梦想会实现，尽管……

秀晶正极力驱赶心头的阴霾，一个三十多岁的女人走了进来。

女人气质高贵，隐约透着一种历经风月的艳丽和缠绵。衣着也很到位：黑色搭袖上装、淡橙色装饰图案褶皱裙，就像一朵盛开的郁金香。

“早上好！可以给我看一枚3克拉的钻戒吗，要造型最简洁的。”女人说。

“好的，客人！”秀晶立即取出一枚双重金叶造型的白金镶珍珠钻戒。

“抱歉，这个款式有点复杂，可以换一款朴素大方的吗？我想配晚装。”

女人语气轻柔，显然极富修养。

“要是客人都这样，该有多好！”秀晶忙不迭地取出另一枚线条流畅的古典式钻戒，女人微笑着点点头：“谢谢！姑娘，你真热情、真漂亮！”

“谢谢！您也很漂亮！”秀晶大方地笑了笑，心里美滋滋的。

“这店里就你一个人吗？”女人向四周望了望，接着问。

“是。珊瑚姐，不，老板去意大利探亲了，还没回来。”秀晶实话实说。

“不错。”女人望着钻戒自言自语道，又抬起头：“姑娘，还要辛苦你，可以把最左边柜子正数第六个架子上的手链也给我瞧瞧吗？还有最右边柜子倒数第二个架子上的胸针——不好意思啦。”

“好的。”秀晶来回忙碌着。女人很有礼貌，每接过一件首饰都会连声道谢。

“灿秀把珊瑚姐接回来了吗？”东元响亮的声音在门外响起。

女人的神色忽然变得有些怅惘迷离：“姑娘，我突然想起有件急事，让你白忙了这半天。”

“没关系，您太客气了。”秀晶并不感到意外。珠宝不是大白菜，客人挑挑拣拣后扬长而去很正常，但要是每个人都像这个女人一样有风度，即使一分不赚，她也会很开心的。

女人把钻戒放到秀晶手心里，加快脚步转身离去。

“这客人好像有点不对劲……”东元望着玫瑰色大门低声说。

“嘘……”秀晶把钻戒放回柜台，“一定是您动静太大，把客人吓跑了！”

“小心流氓用翡翠原石砸你啊！”东元做了个夸张的动作，两个人都笑了。

“东元哥，您认识灿秀多久了？”见四下无人，秀晶很想挖出点灿秀和医院女同学的秘密，或者，其他类似的“绯闻”也可以。

“好久了，那时珊瑚姐的孩子还小。”东元说，“当时他们夫妻俩人见人羡，可现在……珊瑚姐飞来飞去也不是一回事……秀晶，你见过珊瑚姐的丈夫吗？”

“见过。”秀晶答道，“上次他回首尔讲学，回家住过三五天。”

“我常劝珊瑚姐移民，她却舍不得这个店。唉，当初他们的爱情可浪漫呢！”

“是吗？”秀晶从没听珊瑚说过。

“珊瑚姐的丈夫是她父亲下属的儿子，和她青梅竹马。”东元打开了话匣子，“那会儿珊瑚姐在蒂芙尼（Tiffany）设计部工作，有家小老板的女儿狂追她未婚夫，闹得沸沸扬扬，我当时刚上中学，跟踪过那女孩好几次，回来全都添油加醋地告诉珊瑚姐，可你猜她怎么说的？”

“这还用说，肯定是使劲抱怨，要找未婚夫算账啊！”秀晶毫不犹豫地答道。

“哈，猜错了！”东元得意地说，“珊瑚姐竟说：‘这些，我不想听！我相信自己，也相信他一定还爱我！他们来往，一定有他们的原因！我为什么要因他的事情来影响我的情绪呢？这件事和我没有任何关系！’”

“天啊……”秀晶的脑海里忽然跳出老人的话，和灿秀医院女同学的形象。

“还有呢！”东元接着说，“天有不测风云，赶上股票风潮，珊瑚姐的父亲投资失误，公司倒闭了！可那女孩的爸爸却赚到了！我们都想珊瑚姐栽了！可她却说……”

“等等，我想想，珊瑚姐说过类似的话。”秀晶复述着：

“你永远不可能预料到自己所爱的人会如何对待另一个人。如果他们关系好，你就认为这和你有关，不断抱怨、措辞激烈，有什么用呢？这只能证明你不自信、不自爱。如果你爱他，你就应该相信他。如果他真的不爱你了，你去嫉妒他、去折磨他也没有用，只会浪费你自己的时间，他们会更加幸福地在一起，而你自己的生命却会一败涂地。”

“她当时还年轻，没这么系统哲理，但意思差不多。”东元说，“我们根本就不信，没想到几天后，他未婚夫却正式向她求婚了——在她家最困难的时候！”

“我知道了！”秀晶忽然大彻大悟。灿秀和医院女同学，或者和其他女孩子的事情，和她已经完全没有关系了。

门响了，灿秀、珊瑚肩背手提着大小行李走了进来。珊瑚放下行李，开始巡视柜台，突然发出一声惊呼：“这枚钻戒好像有问题！”

“什么！”秀晶箭一般冲过去，“是刚才那个女人审视的那枚3克拉钻戒！”

“秀晶，把钻戒取出来，快！”珊瑚的声音有点颤抖。

秀晶的心也提到了嗓子眼，她把钻戒哆嗦着捧给珊瑚。珊瑚取出放大镜，反转角度来回观察了几分钟，才语调缓慢地说：

“这是假钻石，合成立方氧化锆[①]、无色水晶、无色玻璃……都有可能。”

“我知道了！是她！一定是她！”东元大喊起来！

“哇”的一下，秀晶的泪水喷涌而出，3克拉钻戒！这是多大的数额！而且，而且，还是当着灿秀的面！

报警时，秀晶才知道那女人是重大诈骗案件的通缉犯，她的照片，和她上午楚楚动人的模样并无改变，但在秀晶眼里，却变得像母狼一样狰狞可怕！

众人回到店里，珊瑚静静地对东元和灿秀说：“你们先走吧，我想安静一会儿。”然后，便走进了储藏室，把门关上。灿秀想说什么，却被东元一把拉走了。

秀晶躲进洗手间里再次大哭一场，回来时，储藏室的门仍然纹丝不动。

从发现问题到现在，珊瑚没对秀晶说过一句指责的话，秀晶却更加痛彻心扉，她宁愿珊瑚狠狠地打她、凶恶地骂她——毕竟，就是给珊瑚跪下，也不可能挽回如此巨大的损失。

我会找到弥补的办法！我应该找到弥补的办法！我当然没有能

力抓回骗子，也没有现金可以赔偿，但我，我，我不是有……

秀晶痛惜万分地摘下青金石戒指，还有，她视若至宝的钻石项链。即使遇到歹徒以死相逼，秀晶也决不会放弃母亲留下的这两件遗物，但现在，大错是她亲手酿成，她除此别无选择。秀晶心里连说三声“妈妈，对不起！”便把它们轻轻地放在柜台上，旁边还放了一张写着寥寥数字的纸条：

珊瑚姐，非常对不起！希望戒指和项链能弥补您的损失，我走了，所有办公用品都在柜子里，非常感谢您这几个月来教给我的一切，请原谅我的不辞而别！并代我向东元哥和灿秀致歉，谢谢！

秀晶

这时储藏室的门响了，秀晶吃了一惊，以百米冲刺的速度跑出玫瑰色大门，冲向小巷的尽头，也许身后传来了珊瑚的连声呼唤，但她没有听到，也不想听到。

**注释**

①合成立方氧化锆：常见的钻石仿制品，颜色发白，净度高，不含钻石中的天然包裹体，硬度低，棱线圆滑，密度较钻石大，手掂较钻石沉，表面有不明显的擦痕。

## 23 悔恨忧虑，就是浪费时间

“奶奶……我不行……星红宝石……还给您吧！”

秀晶讲完了上当受骗的全部经过，依然泣不成声。

老人没有接过星红宝石，反而紧紧握住秀晶的右手，停了一会儿，轻轻地问道：“那以后你怎么办呢？”

“以后……”秀晶直直地望着空荡荡的墙壁，“回家睡几天，设计班我也不会再去了……”

“然后呢？一直睡下去？”老人接着说。

“我、我还没想过……”秀晶面色憔悴、神色茫然。

“你还要找工作，还要遇到无数挫折和困难，在生活中也是如此，难道你每次遇到困难，都会选择逃避吗？你能逃到天涯海角吗？”老人一脸严肃。

“我，我……”秀晶再次泪眼朦胧，“我后悔、后悔、后悔极了啊！那女人有多少可疑之处啊！珊瑚姐教过我防骗常识，可我看她挺有风度，就没想到！她要是打扮得普通点、长得难看点、说话粗鲁点，我都会多长个心眼，不会……”

“是不是说，所有坏人都该一脸横肉、破衣烂衫、满口脏话，最好在额头上再写上几个字：我是坏蛋？”

“人家伤心成这样，您还拿人家开心！”秀晶虽在抗议，脸上却破涕而笑。

“别忘了，秀晶，虽然我们说过，

形象是自信的标志，但并非人人都能意识到形象的重要性，相反亦然。我们判断一个人，要从他的外表、行动、语言甚至神态综合分析，不能凭相貌服饰就认定他是好或是坏。

我们说过吸引力法则，说过想着美好，就能得到美好，这是对的，但是，这并不是让你放弃最基本的判断能力。

如果你受别人的影响就放弃了自己固有的认识，比如说，将珊瑚教给你的防骗常识丢在了脑后，完全掉入骗子的圈套，你还是不够自爱自信。”

“我现在明白了，可是，太晚了！”秀晶又抽泣起来。

“既然已经晚了，抱怨又有什么用呢？”老人轻轻抚去秀晶脸上的泪水，“你看，你到我这儿已经两个多小时了，哭了又哭，无休止地抱怨，无休止地后悔，你再抱怨，时光能回到受骗之前吗？你再抱怨，能抓到骗子吗？你再抱怨，钻戒能自己飞回来吗？”

“哦！”秀晶的声音，像泄了气的皮球。

“什么都不能解决，孩子，你发觉受骗后所能做的，只有两件事：一是报警，二是尽力弥补珊瑚的经济损失，这两件事你都做了，其他的事情你无能为力，就该到此结束，否则，你的时间，就这样在抱怨中悄无声息地消磨掉了。如果再睡几天几夜，你依然一无所得，一天过去、十天过去，你还是沉浸在抱怨里，不改变现状，也不作出任何努力，你既回避了任何风险，也拒绝了所有成功。如果你没有用积极的态度去追求梦想，你又怎么能实现梦想呢？”

“可是，我怎么有脸去见珊瑚姐？”秀晶的情绪依然低落，“怎么有脸再见到东元哥和他……不，灿秀，他们会怎么想我、怎么看我！”

“变了吧，你从悔恨变成了忧虑，同样还是在抱怨，在浪费时间。”老人对秀晶挤了一下眼，秀晶的眼泪没能掉下来。

“你想过最坏的事情什么样吗？发生的可能性又有多大？”老人问道。

“就算我赖着不走，闯了这么大的祸，珊瑚姐也会赶我走。”秀晶嗫嚅着说。

“如果珊瑚因此炒掉你，也是正常的。”老人实事求是地说，“但是，你现在已今非昔比。你有了珠宝店的工作经验，也有了设计班的学习基础，形象也有了很大改变，你对薪水要求又不高，找到一个类似的工作并不难。”老人分析道。

“可是，遇不到像珊瑚姐这样好的老板了。”秀晶的声音依然不高。

“但你已经掌握沟通方法了，不是吗？贞雅曾是你最讨厌的人，现在不也成了你的朋友了吗？只要你相信你自己的能力，即使暂时和老板同事有沟通障碍，也会圆满解决的，对不对？”

“但是，东元哥，还有，他……”秀晶刚想接着说，又把话吞下去了。

“你刚才说，上当受骗是‘闯了大祸’，如果你把因为这个‘大祸’而造成的失业难题都解决了，那还有比这更严重的事情吗？不会再有了。不要抱怨，要用积极的态度去面对，一切都可以解决，或者换句话说，即使你担心的所有事情都发生了，你坐在屋子里面抱怨，能解决问题吗？你的未来，会因你的抱怨而改变吗？”

“不……会……”秀晶撅着嘴说。

“所以，无论是悔恨的抱怨，还是忧虑的抱怨，都一样，只会让你否定自己，把所有责任推给过去或未来，结果一事无成。”老人说。

“可是，忘记吗？怎么可能！”秀晶凄然一笑，“这件事我会记一辈子的！”

“这是应该的。”老人神色平静，“我们每个人都不是圣人，会做各种各样的错事，我也是。但如果做错了，吸取教训，并决意不再重做，就不是悔恨，就像电影里常见的握紧拳头对天发誓说，‘我下次一定要做好’一样，你能说那是抱怨，是消极情绪吗？你能说那以后不会成功吗？不过，要是错事影响了我们的生活，让我们沉溺于抱怨，不思进取，就是另一回事了，而你，一定会吸取教训的，是不是，秀晶？”

“当然！”秀晶的精神渐渐好转，“我再不会让骗子换掉3克拉钻戒！”

“那就是说，可以换掉宝石或珍珠了？”老人故意问道。

“奶奶这不是咬文嚼字吗！”秀晶佯装生气。

“乖孩子，”老人轻轻摇着秀晶，“我虽然不懂珠宝，也能猜出来，换钻戒的事，即使你做一辈子店员，可能也不会再遇到了。但是诈骗方法层出不穷。

我们改正错误时，不能就事论事，要举一反三，把有可能遇到的问题都想清楚，才能弥补我们付出的精神和金钱的代价。对不对？”

“那么，我现在应该做什么呢？”秀晶明白了道理，但还是迷茫不已。

“无论如何，你不能不辞而别，这是逃避。”老人的神情又变得严肃起来，“你应该当面向珊瑚道歉，这是你给他人造成损失后必须要做的事，如果珊瑚不接受你的道歉，直接让你离开，是理所应当的结果，你应该从容面对，并吸取教训。如果珊瑚接受了你的歉意，允许你留下，你也不该以此为精神负担，而应该重新满怀热情地投入工作之中，以实际行动来改正你的错误，是不是？”

“知道了。”秀晶点了点头，掏出手机才发现，屏幕上显示出一连串珊瑚的号码，她立即打过去，对方没有应答。

“当面道歉。”老人加重了语气，“打电话还是证明你怯懦，星红宝石你留着，它能保护你，鼓舞你渡过心理难关。”

“我立即回店里！”秀晶擦干眼泪，把星红宝石放回衣袋，“奶奶，谢谢您！”

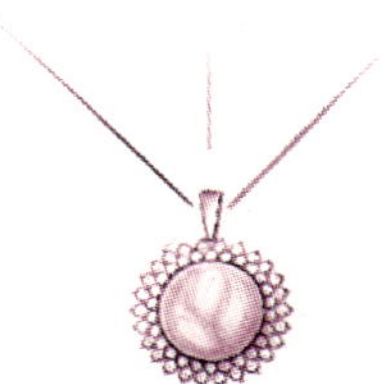

# Part6
# 想要爱，就要争取爱

◇争取幸福，唤醒爱情

◇放弃自己，就是放弃被爱被尊重

◇与其抱怨金钱，不如拥抱它

◇幸福地爱，还有被爱

# 24 争取幸福，唤醒爱情

夜幕悄悄地降下来，早过了下班时间，但珊瑚工坊依然如白昼般明亮：装饰着斑斓马赛克的墙体，如同梦境中虚无缥缈的童话城堡，在灯光的照射下闪着娇美明艳的光泽。

秀晶紧握着星红宝石，徘徊了五分钟，才鼓起勇气推开玫瑰色大门。

“秀晶，你总算回来了！”珊瑚兴奋地扑了过来，“我担心极了！打你电话你不接，去你家，去附近的商场餐厅转了，都没有！东元、灿秀、贞雅都很着急，到许多你常去的地方找你，你等等，我立即给他们打电话，让他们放心……”

“哇！”秀晶本已决心不哭，却控制不住激动的心情，“对不起，珊瑚姐，您不该对我这么好，都是我的错……”

“回来就好。”珊瑚把青金石戒指和钻石项链放到秀晶面前，然后，拿起便条撕成碎片：“你妈妈的遗物，我不能要！便条？我从来没有看见过。你能主动回来，就证明你想通了，所以继续工作，不要有顾虑，好吗？”

“不！”秀晶哭得更凶，说话也变得结结巴巴：“我，我……您不要，项链，我就不，不留下！”

“那，戒指和项链我先收着，过些日子再还你。”珊瑚并不勉强秀晶，“秀晶，我看你情绪还不太好，这样，今天咱俩就住在店里的休息室，别回家了，好吗？”

洗漱过后，珊瑚和秀晶并排躺在后院休息室的床上，秀晶睡不着，珊瑚故意把话题岔开：“秀晶，你知道吗？今天灿秀可着急呢，其实你早就喜欢他，对不对？”

“不，没有！”秀晶想不到自己的心思会被珊瑚一眼看穿。

“喜欢就喜欢嘛，这很正常。

一个人的爱情虽然有些孤独，但很完美，是不是？因为这样的爱从不渴求对方的回报，也不会勉强对方通过改变自己来适应你。但是，真正的爱情还是需要两个人的努力。

难道你就不想鼓起勇气，让他知道你的心意吗？”珊瑚直率地说。

“我听东元哥说，您是个爱情大师，年轻时就能想得特有哲理！那，您能给我出点主意吗？我，我怕……”秀晶不再否认，认真问道。

“什么爱情大师！”秀晶看不见珊瑚的脸，但能感觉到她幸福的笑容，“他向你说了我和我丈夫的事情吧？其实说我不嫉妒，是假的！当时我和你现在一般大，也是小女人嘛，东元第一次告诉我时，我还明白，可三次五次，我也撑不住了，就去找会计阿姨，就是蒂芙尼店问我是不是爱自己的那个，她告诉我很多哲理，我才想通的——我刚才跟你说的话，也是她教的。”

“是吗？”秀晶听得津津有味。

“秀晶，你为什么不愿向灿秀表白呢？说出来可以吗？我想想，会计阿姨是不是教过我办法。”珊瑚的声音，在宁静的夜里显得更加动听。

“我怕他会嘲笑我，而且，咱这儿不是美国，女人是不能向男人表白的……”

秀晶想起初恋男同学嘲笑自己的景象——一朝被蛇咬，十年怕井绳。

“那咱就一个个地分析。”珊瑚轻轻地说，“你为什么以为他会嘲笑你呢？”

“因为我不美，也，不是很温柔……”

“归根到底，你还是在抱怨自己啊。你刚来的时候是不太漂亮，但那是过去的你，现在，你可是漂亮多了，而温柔，就更简单了，你可以从现在开始，在内心中营造出和谐的幸福气氛，然后你想着这些，自然而然地，就会变得温柔起来，不信你现在就试试，好吗？”

“明白啦。”秀晶按老人的“视觉化方法”描绘出自己沉浸在幸福中的景象，

——夜风沁凉，她小小的身躯在寒风中发抖，他展开披风，把她整个裹了进去，带着热度的双手怜爱地抚摸着她被夜风吹得微冷的脸颊，然后他拥着她，眼神温柔得像一缕春风，把一个轻轻的吻，落在她的唇上。

秀晶很想就此睡去，不再醒来。

许久，才听到珊瑚的声音，仿佛从世界的另一边传来："你感觉到了，对吗？"

"是，我……"秀晶本想说那不过是场梦，却一时语塞。

"你想到的，就一定能做到。"珊瑚说，"我们说过，你感受到了美好，就一定能有美好。只要你对自己说，我是充满爱的，你就会吸引爱、吸引幸福。"

"我是充满爱的，我会吸引爱、吸引幸福。"秀晶重复着，忽然，珊瑚和老人的形象重叠在一起，她的心中产生了疑问。

"珊瑚姐，那位会计奶奶还在首尔住吗？"

"她回老家开城了，和子女住在一起。我前几天刚打过电话。"珊瑚答道。

"果然。"秀晶想着，"这怎么可能！"

"别忘了，只要你想要，就一定能得到。"珊瑚没有注意秀晶提问的含义，接着说，"至于女人不能向男人表白，是你妈妈说的吗？"

"妈妈倒没说过，但很多老人都这样说。"秀晶小声说。

"100年前，老人还说，女人多看男人一眼都不规矩呢！"珊瑚的笑声充满了整个房间，"很多年前，女人是不幸的，生活中有很多框框，但后来，我们慢慢明白，如果一种规矩妨碍了我们以积极心态面对生活，那就不是个好规矩，对不对？即使现在也是如此，如果我们自爱、自信，真正把自己放在和男人平等的位置，你还会这样想吗？男人向女人表白，可是再正常不过的啊。"

"但是，我这样做，别人会怎么想……"

“何必要去担心别人呢？你面对你自己，不就足够了吗？”珊珊继续轻轻地说，“你要爱你自己，要自强自立，但同时，也要接受别人对你不同的看法。即使有一两个老奶奶有不同意见，你也不用反驳她们，坚持自己的信念就行了，是不是？”

“是。”秀晶赞同这种说法。

“你自己作出的决定，只是为了你自己快乐幸福，而不是为了让别人赞赏你、肯定你，只要你没有影响别人的利益，就可以完全按自己的思想去行动，去争取所有自己想要的东西。对吗？”

“嗯。”秀晶觉得所有的顾虑经珊瑚一分析，全都烟消云散了，但想到和做到，好像……还不是一回事。

珊瑚似乎听到了秀晶内心深处的犹豫：

“你是你自己的，幸福把握在你自己手里，任何人都不能代替你自己的选择。要想实现梦想，不能在抱怨中止步不前，而要自己付出努力。当然，爱情和别的事情不一样，是两个人的事，你表白了，有可能有两种情况，对方接受或不接受。接受当然最好，但如果不接受，你也要坚信你下次会成功，而不要因别人的决定而抱怨自己、否定自己。是不是？”

“我全听懂了，谢谢珊瑚姐！我好好想想！”秀晶暗下决心，等这烦恼的一天过去，事业，爱情，全都重新开始！

# 25 放弃自己，就是放弃被爱被尊重

也许是梦境太美好，直到阳光慢慢地泼洒进来，秀晶才伸个懒腰起床，开手机，刷牙，吃早餐。在紧握星红宝石五分钟之后，她决心忘掉昨天的一切不快，精神抖擞地开始崭新的一天。

然而，秀晶还没把筷子放下，手机就响了。

“秀晶，你在店里吗？我找你，帮帮我好吗？”是贞雅的声音，急促沙哑，带着浓重的哭腔。

秀晶吃了一惊， 打开玫瑰色大门，贞雅就站在门外，依然全身名牌，却不施粉黛，神色凄惶，两只大眼睛红肿得像桃子一样。

“我全完了……”贞雅不顾珊瑚在场，抱着秀晶大哭起来。

秀晶扶着贞雅走进休息室，在床上坐下，珊瑚悄悄避开。

“我昨晚……被他赶出来了！我哭了一晚上，想跳楼的心都有了！我不服气，真的不服气，想来想去，只有来找你……”贞雅抽噎着。

“放松，慢慢说。”秀晶竭力模仿着老人昨天的语气。

“你知道的，我从前总是特骄傲，可自从遇见了他，我就……

因为我想，我终于有家了，有了爱，好像又回到了20年前，妈妈没走的时候……和他全家一起过圣诞节时，那温馨的景象，我感动得哭了……他家是地产商，非常有钱，有很多漂亮姑娘围着他转，我想我不配和他在一起，就一直努力照顾他，凡事全听他的，他不顺心肯定就是我的错，我们本来准备下个月结婚的……”

“啊。”秀晶回忆起那个穿闪亮条纹套装的男人，实在没一丝好感，但珊瑚姐刚说过，不要以自己的想法左右别人的想法。

“他早让我辞掉工作，我照办了，可他还不满足，不许我和其他男人在一起，不许我单身旅行，我太寂寞，就常去找他，他又烦了，说你找个短工打发时间吧。”

“我就去慈善机构做了临时职员，重新有了被人认可的满足感，可他又不满意了，希望我随叫随到，希望我只依靠他一个人，别人夸我能干，他反而不高兴，他说过，我就是他的漂亮娃娃，他养得起我……”

“那种男人，散了最好。”秀晶想着，却没说出来。

“我知道我家世差，不配他，就更迁就他，可他却变本加厉……这时我想，我为他付出了一切，他可别……我就悄悄地查他的手机、电脑和钱包，有点迹象我就和他大闹，可他说，你不相信我就算了！我的钱，我爱怎样就怎样！”

“昨晚我去他家，他正和一个18岁的小模特搂在一起！我快疯了，可他说，你要不想忍就算了，像你这样的无聊女人多的是，还是她好，有自己的想法……”

“我想不通，我为他付出了一切，他为什么这样待我！”贞雅放声大哭，秀晶想劝她，却不知该从何处说起。

“抱歉，我在外面都听见了。”等贞雅的哭声低下来后，珊瑚才走了进来，“贞雅，你为什么要事事迁就他呢？”

“因为，我是女人，而且，他家有钱，其实我开始也不高兴过，可他要不发火摔东西，要不就伤心地说你不爱我，不理解我，我怕了……”

“但是你让步，他会领情吗？”珊瑚小心地问。

“没有，所以……我……才不甘心！”贞雅哭得说不成话。

“我无意让你更伤心，可是你有没有想过：

你实际上一直在抱怨别人，却没有想到自己也要承担责任？是不是有可能正是你自己放弃了自己的意志，心甘情愿处于从属地位，才会更让别人来支配你？”

珊瑚接着问。

“什么，我要承担责任？”贞雅更不服气了。

珊瑚坐下，轻轻握住贞雅的手：“我知道，你心里一定有疙瘩，一定会想这些全部都是他的错。但如果他一生气，或者一摔东西你就抱怨自己，放弃固有的观点，那就说明，对方认为这种支配方法很有效，你越让步，就越说明你会屈从于这些方法，或者屈从于他，他就越会任意支配你，越不在乎你，越感觉不到你的独立人格，然后，你就会丢了你自己，他也会毫不在意地放弃你！”

“可他特别生气，我才……我要是不顺着他，他就会离开我的。”贞雅说。

“你为什么怕他离开你呢？”

"因为我不配……"

"也就是说，你没有把自己放在和男人对等的位置上。"珊瑚的声音更加悦耳：

"你对别人怨声载道，把所有责任推给别人，是因为你自觉不配得到你想要的东西。你借抱怨把自己想要的东西推开。把自己放在了低人一等的位置，你随时受别人的情绪左右，没有尊重你自己。结果，别人自然也不会尊重你。"

"我也同意珊瑚姐的说法。"秀晶抱住贞雅，尽量语气轻柔。

"我们女人，都把爱情视作自己的生命，我也是，然而，牺牲可不是拯救爱情的法宝啊。"珊瑚分析道：

"牺牲使我们痛苦放弃，使我们否定自己的价值，把让爱人满意当作至高无上的真理。对此，很多女人会异口同声地说，这样做心甘情愿、一无所求，但实际并非如此。我们是有要求的，我们渴望用自己的牺牲换来对方更深厚的爱情、更幸福的婚姻。但是，对方也是独立的人，会有自己的想法，会认可，或不认可。前者还好，但如果是后者，我们就会伤心抱怨，觉得不公平到了极点——就像贞雅，小脸都哭花了，对不？"

秀晶替贞雅擦去脸上的泪水，又替她抹上护肤品："珊瑚姐常对我说，想要什么，就能得到什么。我们想要尊重，才能得到尊重。"

“是啊。”珊瑚将心比心。

“真正幸福的婚姻关系是融合和自立相结合，两个人真诚相爱，心甘情愿地认同对方的选择，而绝不会将自己的意志强加于人。你想想对吗？我也深爱我的丈夫，但我知道，他的位置在国外，我的位置在这里，我们尊重自己的价值，也尊重对方的选择，即使在地球的两端，我们也能珍爱守望我们的爱情，这难道不也是幸福吗？”

“啊！”贞雅渐渐止住抽泣，“可我要是不顺着他，他走了怎么办？”

“但现在，你不还是失去了他吗？”珊瑚放慢语调，“也许，你会担心平等要求会失去爱情，但人是复杂的，如果你倒过来做，反而会获得对方的尊重。当然，也可能对方会拂袖而去，但这也未尝不是件好事，你和一个不尊重你的人共度一生，是不会幸福的，更何况这种婚姻未必牢固，一旦对方对你失去兴趣，就会寻找新的刺激，结果，你会更受打击。”

“是……”贞雅的情绪稍好些了。

“好了，你已经很疲劳了，就在这里休息，睡够了，再想以后怎么办，好吗？”珊瑚姐与其说是姐姐，倒不如说是妈妈，“等你想好了，就去找他谈，接受所有结果，作出最让你自己愉快的选择。”

贞雅的神情放松了不少，秀晶扶她躺下，盖上被子，才和珊瑚一起退出来。

“珊瑚姐，我终于想好了！”过了十几分钟，秀晶才说。

“想好什么？”珊瑚明知故问。

“我，我有合适的机会就向他表白，因为，我们之间是平等的！我尊重他的选择，也尊重自己的选择！”

“秀晶长大了！”珊瑚欣慰地说，“至于时机，听东元的消息。”

“为什么要听他的？”秀晶莫名其妙。

“等东元来了你就知道！”珊瑚得意地笑道。

## 26 与其抱怨金钱，不如拥抱它

夕阳西下，群山浮起青黛色的影子，小草甜润的气味从背后的森林吹来，飞瀑流泉就在密林里哗哗作响，风柔柔的，像在轻轻抚摸着苍老的石头和树叶。仔细倾听，还会传来小鸟摇动枯叶的沙沙声。

度假村的院子里，摆着一桌丰盛的自助晚餐：海鲜沙拉、菲力牛排、奶油煎鱼、蓝莓奶酪、提拉米苏、水果塔，还有一大瓶晶莹剔透的法国香槟酒。

“哇！真好吃啊！”贞雅刚吃了一口沙拉便大喊起来，“幸亏我失恋了，要不，怎么有机会享受这样又美味又有情调的大宴！”

“所以，为庆祝我的宝藏和你的失恋，咱俩要好好喝几杯！”东元的声音浑厚而又热情。

“贞雅，小心身体。”秀晶关切地说。

“放心吧！”贞雅兴致勃勃地叉起一大块鱿鱼，“我没事了！我和他摊牌那天，真以为自己不行了，可后来发现，天并没有塌下来，我反而有了自由，有了自信，我可以随心所欲地逛街、看电影、打游戏机，而不必再看别人的脸色！我还应聘了一家大公司的总经理秘书，下周复试，希望挺大呢！谢谢珊瑚姐！谢谢秀晶！原来放手也这么快乐！”

“是啊。”珊瑚切下一块带血丝的牛排，“当时我听你说得那么痛苦，我就想，我们希望得到的东西，一定是我们真正想要的东西吗？未必。

虽然我们说想要，就能得到，但前提一定是心态快乐。要是一件事没有使我们轻松愉快，反而使我们抱怨、怀疑、失落，也许放手，是个不错的选择！只有让我们倾听内心最自然的声音，作出最积极的回应，我们才会得到真正的幸福。对不对？”

说完，珊瑚背着灿秀，对秀晶使了个眼色，秀晶脸一下子红了，急忙把话题引开：“啊，东元哥，您这次去高加索山脉，也是找亚特兰蒂斯吗？”

“怎么……说呢？也算……也不算……”东元刚把一大块提拉米苏塞到嘴里，还没咽下去。

“什么？”秀晶没听懂。

“因为真正的亚特兰蒂斯早就沉没了。”珊瑚边剥虾壳边微笑着解释，“亚特兰蒂斯是个位于大西洋中心的古国，是柏拉图笔下的富庶和文明之邦，几千年来，大家都认为那只是个传说，直到19世纪中期，美国考古学家才证明它确实存在，以后，它就成为全球所有考古学家及探险家关注的焦点，1991年，法国名导演吕克·贝松还特意拍摄了一部纪录片，就叫《亚特兰蒂斯》。”

“东元哥就是在图书馆看到这部老片子时，开始魂不守舍的。”灿秀将一块奶酪夹进面包，“为了找亚特兰蒂斯，东元哥去了不少地方：塞浦路斯、克里特岛、直布罗陀、爱尔兰……可都一无所得，还欠下一堆债。东元哥从此一蹶不振。”

“灿秀兄弟，给你哥留点面子嘛！”东元瞄了贞雅一眼，不好意思地阻止道。

“然后呢？”贞雅的水果塔就在盘子里，却放下叉子，听得津津有味。

“那还用说，当然是珊瑚姐出马了！”灿秀从盘子里叉出一份牛排，“她把东元哥拉到店里说，多亏你，给了我很多灵感！玫瑰色大门是爱尔兰式的，洗手间门把手是塞浦路斯式的、大厅装饰柱是克里特岛风格，你的旅行非常有价值！”

“东元哥立即被感动了？”秀晶认为故事比煎鱼的奶油浓香更诱人。

“没有，他还是沮丧透了，抱怨说，我现在连房贷都付不起，我无可救药，我的人生已经毫无希望了……可珊瑚姐却说，你付得起！想要金钱的原理，和我们想要任何事情的原理一样，要是你说付不起，就永远付不起！

要以积极的态度看待金钱，而不是总要想着‘无商不奸’、‘为富不仁’。要是你认为凡是有钱人都是坏人，你一定不会拥有财富！要知道，很多人没有足够的金钱原因就是，他们的思想阻碍了金钱的到来。”

灿秀停下来，喝了大半杯香槟。

“珊瑚姐还说：

要以最快乐、最轻松的方式吸引金钱，要把拥有金钱视为快乐幸福，并且是理所当然、天经地义的事情。相反，你关注账单，你只会引来更多的账单！从现在起，多想着富裕，多有意去看你喜欢的东西，对你自己说，我付得起，我可以买下它，它就会转变你的想法。”

东元为灿秀倒上半杯香槟，灿秀点头致谢，接着说：

“珊瑚姐最后还强调，别忘了放手。

如果要做成一件事，却无论如何找不出办法，就毅然决然地放弃！

结果，东元哥决定不再把精力放在亚特兰蒂斯上，而是满怀信心地去找隆美尔在非洲埋的宝藏，虽然只找到一点，也足够还债了！”

“不过我现在每次去找宝藏，珊瑚姐都说成去找亚特兰蒂斯。”东元将杯中余酒一饮而尽，“珊瑚姐说，你越抱怨金钱，金钱就越会远离你！你要心态积极，告诉世界你要什么，然后按照内在的感觉行动。你就是你自己未来的创造者！”

“为珊瑚姐干杯！”清脆的声音响成一片。

“非常感谢大家！”珊瑚轻啜了一小口香槟，莞尔一笑，“我也很想把功劳据为己有，不过，太遗憾了，那些话虽是我说的，但却不是我原创的，是一位长辈告诉我的。”

“是会计奶奶吗？”秀晶心中一亮。

“没错。”珊瑚点点头，“那是我家破产的时候，其实父亲开始赔得不算太多，可他太执著于翻身了，反而越亏越大，最后，家里唯一值钱的东西，就是我的珠宝，我要卖，他们坚决不肯，说就是挨饿，也不能让我没嫁妆！”

“好伟大的父母啊！”秀晶举着面包的手悬在半空中。

“是啊。”珊瑚含着盈盈的泪花，“可我怎么能无动于衷呢？我就去找会计阿姨，她告诉我很多刚才说过的话，还说：

‘不要执著于金钱，不要想着金钱要‘如何’到来，要想象，假装拥有了财富，多感觉快乐。’

回家后，我就把一颗象征幸运希望的蛋白石放在我卧室最明显的地方，对我自己说，那是我的目标，我要凭我自己的能力，再拥有三颗！然后，再用视觉化想象我未来的一切。”

“成功了吗？”贞雅好奇地问，然后把煎鱼块用最快的速度放进嘴里。

“成功了！15天过去了，我终于想到了方法，做珠宝投资！这需要极强的专业技巧和鉴别能力，但对我来说，却是小菜一碟！我开始有意识地在拍卖行、典当行和旧货市场寻找廉价但质量过硬的珠宝，或在高档市场转卖出去，或通过修改设计提高它的价值。半年后，我竟赚了一小笔，足够再买三颗蛋白石！我把钱全部交给父亲，他从零开始，稳扎稳打，终于也有所起色，虽然只有过去营业额的百分之一，全家还是高兴极了！”

“来，让我们为会计奶奶干杯！为成功致富干杯！”众人再次举起了酒杯。

秀晶的手正好碰到灿秀的手，不由自主地哆嗦了一下，虽然珊瑚极力鼓励她，她仍不知道，自己有没有表白的勇气。

# 27 幸福地爱，还有被爱

MUSIC！ SAMBA！

服务生们刚把餐台收拾干净，东元就跳到桌子上高叫起来。

奔放的音乐声响起，东元开始随着音乐缓缓舞动，随着节奏甩出几个身段，然后，舞步渐渐加快，力度也由轻柔变为强劲。

“灿秀，上！”珊瑚极力把灿秀往上推。

“灿秀也会跳桑巴舞？”秀晶简直不敢相信。

“你以为他只会西装革履，温文尔雅？”珊瑚顽皮地一笑：“你上当了！他和东元就是在桑巴舞培训班认识的，跳得可好呢！他还会点跆拳道，收拾一两个小贼不在话下！”

“这我知道。”秀晶没有把话说出来，眼前却浮现出灿秀借座钟那天用跆拳道制伏小贼的潇洒景象。

灿秀犹豫着登上桌子，开始还有些羞涩和腼腆，但很快就融入了音乐的热辣节拍之中，舞步铿锵有力、阳刚英俊。秀晶正踌躇着是否凑个热闹，贞雅已冲了过去，东元把她拉上桌子，三个人随着激扬的音乐鼓点即兴发挥，让舞姿随着想象而变幻，坦然露出了最真诚、最原始的一面，秀晶的情绪也随着灿秀的舞蹈节奏起伏跌宕，内心深处封存已久的激情随之点燃。

不过，任何激情都会有些小小的遗憾，东元一脚踩空，直直地摔到了草地上。

“又喝多了吧！”珊瑚假装板起脸。

“嘿嘿。”东元用力爬起来，但还是站不稳。

灿秀示意音乐停止，跳下桌子想扶东元回房间，却被服务生抢先了一步。

“东元每次喝酒都这样，灿秀，你就别管了！”珊瑚阻止道，“贞雅，经理说这个度假村的夜景很美，你能陪我转转吗？”

贞雅向秀晶挥手，秀晶尴尬地一笑，没有动。

夜凉如水，星星像钻石般闪耀，整个院子里，只有他们两个人。

他轻盈无声地走了过来，她却下意识地向后退了一步。

风儿吹过他的发，柔软的发丝掠过他的面颊。他的身上有一种男人的汗味，很淡，若有若无。

他觉察到她有些顾虑，没有再走近，却站住，在朦胧的树下。

“秀晶，你在学珠宝设计，是吗？”

“啊？”秀晶没料到灿秀竟说出这句话，“学了一些，也画了图，不过，还没有实践作品……”

“画图也很好啊。”灿秀的声音沉静温和，“你能帮我设计一下吗？我想送个吊坠给我心爱的人，用什么材质好呢？紫晶、红宝石，还是绿松石？听说它们都象征爱情……”

秀晶的整个世界坍塌了，眼前一片黑暗，她忽然想逃走，离开珊瑚工坊，离开首尔，逃到一个没人认识她的小村庄，永远永远不再回来。

但是……

——你自己做出的决定，只是为了你自己快乐幸福。只要你没有影响别人的利益，就可以完全按自己的思想去行动，去争取所有自己想要的东西。

——你的幸福把握在你自己手里，任何人都不能代替你自己的选择。

“我……”秀晶紧握星红宝石，泪水挂在睫毛上，像一颗颗闪亮的珍珠，“请原谅，我实在是做不到……因为我爱你，一直深深地爱着你！虽然这只是我一个人的爱情，我不会对你有任何要求，但是，我，我没法做到祝福你和别人的幸福，对不起……”

“终于结束了！”秀晶挤出一丝苦涩的笑容，想跑，却被灿秀拉住。

“你难道不想知道我的爱人是谁吗？我给你看照片。”灿秀把一个圆东西塞到秀晶手里。

“不想！”秀晶极其勉强地接过来，却感到手心冰凉，低头看，竟然是镜子！

秀晶又想转身逃走，但这次，是不知如何面对直击灵魂深处的幸福。

夜风沁凉，她小小的身躯在寒风中发抖，他展开披风，把她整个裹了进去，带着热度的双手怜爱地抚摸着她被夜风吹得微冷的脸颊，他拥着她，眼神温柔得像一缕春风，把一个轻轻的吻，落在她的唇上……

“你第一次爱上我是什么时候？”她伸开双臂抱紧他，把头埋在他的颈窝，又闭上了眼睛。

“在你给贞雅戴耳环的时候，你呢？”他的吻再次落在她卷曲的黑发上。

“你和东元哥第一次到店里的时候。”她羞涩地说。

“啊，我还记得，当时你说的是，东元哥，你真像个不折不扣的流氓！”

“你坏。”她的语气中带着撒娇的口吻，心里却有一股暖流细细地流淌而过。

这一瞬，她除了抱紧他，吻上他的嘴唇，还能做什么吗？

又过了很久……

“差点忘了。”灿秀抽出一只手，从衣袋里掏出个小盒子打开，里面竟是几颗形状不太规则的珍珠，“妈妈从济州岛寄来，让我送给你的。”

“可是叔叔阿姨在道谢时已经送过我礼物，我已经收了。”秀晶只顾读着灿秀的心跳。

“这些珍珠都是妈妈亲手捞的。”灿秀声音柔和，“妈妈年轻时捞了很多珍珠，好的都卖掉了，只有这些异型的留了下来。妈妈说你见过的高级珠宝多了，可能不会看得上……她只希望你看到它，就想到大海，想到济州岛……”

“这是我所见过的，最昂贵的珍珠！”秀晶接过盒子，把它深深地埋在怀里，然后，把他搂得紧些，再紧些。

他们就这样拥抱着，直到钟声敲响，12点了。

灰姑娘的马车此时变成了南瓜，但秀晶的南瓜，却变成了通向永恒的马车。

# Part 7

# 挫折，是超越的开端

◇成功路上没有抱怨，只有愉悦轻松
◇把握优势，开创成功捷径
◇事业爱情，难道都是梦想
◇无法改变不公，就改变态度
◇嫉妒，请你走开

## 29 成功路上没有抱怨，只有愉悦轻松

薄薄的轻雾来了，为城市围上一道米色的领结，一座座高楼大厦浮在雾海之上，热烈地眺望初升的太阳。珊瑚工坊却静静地沉在雾海里，承接着忽明忽暗的灿烂阳光。

秀晶像从前一样，边擦柜台，边默诵设计理论。东元前往高加索山脉不久，贞雅也上班了，工作很忙碌。灿秀虽常和她约会，但都是选择咖啡馆、餐厅等公共娱乐场所，来店次数寥寥无几——珊瑚工坊，恢复了往日的宁静。

秀晶结束了例行清扫，翻开设计培训班的笔记。上个月，她的设计作业成绩并不理想，有的太夸张，有的太普通，总也找不到两者契合的“度”。

“这款吊坠应该选用什么材质呢？红宝石太昂贵，琥珀色泽不够大众化，白银水晶又太廉价，只有珍珠合适，啊，珍珠……”

秀晶还是走神了，从衣袋里掏出灿秀母亲送的异型珠，幸福地一笑。从那天晚上后，她就将这盒珍珠和星红宝石一起随身携带，既是回味，又是激励。

“秀晶，没有客人吧？”珊瑚轻柔的声音从休息室传来，“我调好了木瓜秋梨汁，养颜美容的，过来喝吧。”

“好的！”秀晶刚要关上盒盖，突然灵光一闪——

梨！好像这颗异形珠的形状！异形珠之所以无人问津，是因为大家都喜爱圆润可爱的珍珠，但这颗珍珠顶部突起，如果装饰成梨的模样，不也同样俏丽活泼？只是，顶部放几片叶子最好，什么样的叶子呢？

秀晶翻开笔记本画起来，珊瑚疑惑地张望了一下，什么也没说，把一杯木瓜秋梨汁静静地放在秀晶手边。

然而，半个小时过去了，一个小时过去了，秀晶的思路却没有任何进展。

“如果不行，就先放放吧。”默默注视的珊瑚打破了沉默。

“不，我一定要想出来，就算不吃饭不睡觉也要……”秀晶不甘心。

“不吃饭不睡觉，你的脑子，准是一团糨糊！”珊瑚的笑容总是那样迷人，“咱们不是反复说过好几次吗，只有心中想着美好，才能得到美好，对不对？

通向成功的路，应该是愉悦、快乐而轻松的，然而你现在的心情，一定焦躁不安、心烦意乱，痛苦抱怨，又怎么能达到目标呢？”

“可是我真的很想……”秀晶仍不愿放弃。

“我不是让你弃之不理，只是让你暂时休整。”珊瑚关上装珍珠的盒子，把它放回秀晶衣袋，“我们常听人说，压力是成功的动力，这句话也对，也不对。

因为，如果我们把工作当成巨大压力，把奋斗看做如沿着陡峭山坡推巨石般艰难，我们的内心深处，一定会抱怨不已，产生许多消极情绪，反而难以达到目标——有没有人向你说过，如果你对自己说，不要某事，从而会得到某事呢？”

“奶奶说过！”秀晶不再和珊瑚争执，专注地听着。

“当然，这也和我们的工作性质有关系，如果我们是从事体力劳动，比如搬砖，可能咬紧牙关，会多搬几块，但要是脑力劳动，过于沉重的压力和消极情绪只能有害无益——当然，我说的是付出努力的前提下，要是以此为借口，把放松视作坐享其成，天上掉馅饼，那也只能是画饼充饥，你说是不是呢？”

“那当然！”秀晶已完全认可了珊瑚的观点，“我现在脑子的确不转了，需要放松一下……我该怎么办呢？”

“方法很多。”珊瑚说，“你可以找一个能让你情绪安静舒缓，没有外人打扰的‘减压室’，比如储藏室、休息室、无人的角落，甚至洗手间都可以。你刚上班那几天，紧张的时候，不是常躲到洗手间去吗？”

“连这事您都知道！”秀晶的脸刷的一下红了。

“别不好意思，这说明你能有意识地舒缓情绪，是件好事啊。”珊瑚拉着秀晶的手坐下，“要是没有条件，也有很多放松的方法。比如，你可以想象，你的身体，就像一个巨大的牵线木偶，你的双手通过细线和手腕松弛地系在一起，你的前臂，则通过一根线和上臂松弛地系在一起，上臂和肩膀、你的双脚、大腿和小腿也能通过细线相连……这些线拉着你的下巴，松弛而伸展，使你的下鄂松散地向前胸方面降落，你的身体，就松弛而伸展地摊在床上……”

“这个……”秀晶试了试，却总也找不到感觉，“好像我柔韧度不太够，我小时候体育、舞蹈就很差……”

“那咱们就换一种。”珊瑚的大脑就像一个百宝箱，“你还可以随时随地为自己开辟一个‘减压室’，就现在，在你的头脑里，和视觉化的道理一样，你可以想象你进入了一个海面上的静谧小屋，外面是蔚蓝色的大海，没有一丝波浪，房里有你喜爱的装饰，还有一把非常舒服的摇椅，你就坐在摇椅上，倾听大海的呼唤，好，现在你闭上眼……”说着，珊瑚轻轻地摇着秀晶的椅子。

“真有用！”几分钟后，秀晶才睁开眼，感到心里舒服多了。

“那就好。”珊瑚摇得汗珠都沁了出来，秀晶忙用手绢为她擦去，“不好意思，让您受累了。”

“没关系。”珊瑚轻轻摇摇头，“好了吗？咱们一起去看东元从高加索山脉发回的照片吧！可漂亮呢！”

高加索山脉的风景确实很壮观，不是吗？

远处高山像穿着翻云滚浪的大裙子，近处芳草碧连天的丘陵起起伏伏，树林、山冈延伸得长长的，仅是绿色就有深深浅浅几十种，就像普希金诗里说过的：

“乌云下是一座座巨大裸露的山崖；往下是疏落的苔藓和枝叶枯干的灌木；更低的地方是丛林，还有片片绿荫，鸣啭着各种鸟儿，跳跃着群群野鹿……”

忽然，秀晶的视线落在东元身后的叶子上。

“这几片叶子不是直的，而是很柔和的圆形，如果放在珍珠突起部分上端做装饰，整个吊坠就有了灵动感，还有，叶子不能只放在一边，因为珍珠会转，叶子要在任何角度都能看到，而且几片叶子的形状要是有变化，就更活泼了……”

说干就干，秀晶丢下珊瑚和电脑里笑容满面的东元，开始用纸比画。珊瑚悄悄站到一边。

叶子问题解决了，秀晶把图纸和视线平行，满意地审视着，不错。就差吊链了。传统的18英寸有点短，感觉太中规中矩，要变化，变化……

正想着，玫瑰色大门被推开了，是他，秀晶不用抬头也知道。

“秀晶！”灿秀亲密地叫着，清雅端正的面容笑意盈盈。

“我知道中午你最忙，所以我去排队买了麦当劳新推出的赠品项链，可爱吧？记得你说过，这款狗狗你就差这一个，来，我给你戴上！”

秀晶绽着甜蜜的笑容，乖乖地让灿秀戴上卡通项链，灵感随之而来。

“这个狗狗为什么会垂在胸前？因为项链长，是20英寸的，只有这种长度，才能达到垂感适中的完美效果……”

“你不喜欢？”灿秀发现秀晶神色恍惚，疑惑地问。

“不，喜欢极了，我想你！”她抬手，抱住他的身体，像一只白兔，深陷在他的怀里。

# 24 把握优势，开创成功捷径

尽管秀晶对异型珠项链自信满满，但没想到，老师的评价更高。

“你真是个设计天才！”设计班老师捧着项链啧啧称叹道，“不但艺术性很好，还实现了成本最小化，要是销售，利润相当高！”

“我不卖，给我再多的钱我也不卖！”秀晶把项链整整齐齐地戴好。

“是和恋人有关吧？我不问了。”老师神秘地一笑，“两个月后会举办第8届业余珠宝设计大赛，规模不大，但影响不小，第一届冠军已是著名设计师了！即使得纪念奖，也能在美国宝石学院首尔分校进修，你试试怎么样？我可是大赛的评委——不过，别指望给你任何照顾！”

“我真的可以吗？——不，我可以！我能够做到！”秀晶心中充满了希望。

然而，当秀晶开始设计时，却困惑不已。

“虽说是业余比赛，但我听说，很多参赛者都学过几年设计，而我才学了几个月，怎样才能赶上并超过他们呢？毕竟，我的基础实在太差了……”秀晶还想接着说，忽然发现自己的语气已经从陈述事实变成抱怨，急忙摸了一下星红宝石。

“多征求征求网友的意见。”贞雅支招说。

“不。”秀晶摇摇头，“每个人的具体情况不同，我要有自己的想法，不能被别人的意念所左右，即使是别人成功的设计思路，照搬过来也未必适合我，更何况也坚决不能那么做。”

“你说得对。”珊瑚赞同地说：

“把握并坚持自己的优势很重要，我们只有对自己的优缺点有明确清醒的认识，才能找到成功的方法，甚至捷径。秀晶，你和贞雅专业一样，为什么贞雅是优秀的秘书，你就不是呢？”

“您可千万别这么说……”贞雅急忙阻止，秀晶却并不在意。“因为贞雅性格外向，比我更善于交际、更灵活、应变能力更强，而我性格内向，更适于做文字、设计等工作。”秀晶实事求是地说。

“不不不，秀晶还会设计珠宝呢，我可不会……”贞雅连连摇手。

“对啊，要是你和贞雅比设计珠宝，谁会胜出？”珊瑚接着问。

“那当然是我啦！”秀晶骄傲地指着自己，然后和贞雅笑成一片。

“所以，我们每个人都有优势和劣势，和别人竞争时，如果用自己的劣势去拼别人的优势，只能是鸡蛋碰石头，必然头破血流。但若倒过来，以自己的优势去拼别人的劣势，成功的概率就会大得多。”

珊瑚的分析总是丝丝入扣：“比如我是名校宝石学系毕业，又有近20年专业工作经验，不好意思，也许你再努力10年、15年，也未必能赶得上我呢。”

“那当然。”秀晶认为这点毋庸置疑。

“但是你记得有位女演员吗？当时她看上一串珍珠项链，我向她介绍了许久珍珠的性能和质量，她还是下不了决心，但你只说了几句话，她立即就买了？”

“啊，是那次。”秀晶不好意思地说，“我说的只是：您戴着这串项链走在盛夏的阳光里，会让微风吹走您慵懒沉寂的心情，向别人show出您的真我时尚，您清逸明丽的身影，会像白天鹅一样柔美清纯——一句专业描述也没有！”

“但她要的就是这种感觉。”珊瑚转向贞雅：“要是你，会喜欢谁的表述呢？”

“我吗，当然……”贞雅走过来摇着珊瑚，有点撒娇地说，“珊瑚姐您可别生气啊，我还是喜欢秀晶的说法啦！我觉得珠宝质量过关、价格合理就可以了，关键是好看，有韵味，有诗意——嘻嘻，因为我是外行嘛。”

“这就是你的优势。”珊瑚继续启发秀晶，“你第一次对我说想成为珠宝设计师时，我就说，你热爱文学和历史，你对珠宝的理解，有一种诗意而朦胧的感性，这和宝石学专业的理性完全不同，对不对？”

“但是，过于感性，会不会实用性差？”秀晶还是有些踌躇。

“你说的是这个吗？”珊瑚抖开一个纸卷，竟是秀晶第一次画的设计图，几千颗钻石仍在上面熠熠发光。

“哇！好漂亮啊！”贞雅把图纸抢过来，细细观赏着。

“我从旧报纸里发现的。”珊瑚说，“你知道当时我的第一感觉是什么吗？”

“当然是不实用。”秀晶惭愧地答道。

“不，我想的是，秀晶的设计水平提高得真快！和前几年DTC[①]钻饰设计大赛获奖作品的水平差不多！”

“您是说，这样的设计也能获奖？”秀晶糊涂了。

“因为设计比赛和实用作品不同。”珊瑚说，“前者强调艺术性和表现力的高度完美，不考虑性价比及批量生产，但后者则更注重于理性和销售量的多少。我们设计珠宝也好，从事其他工作也好，都不能以偏概全，要根据最终目的及客户要求完成我们的工作。设计比赛的首饰，你我的首饰，贞雅的首饰，包括英国女王和比尔·盖茨夫人的首饰都各有各的要求。实用、性价比，或者艺术、视觉效果，都不是衡量一件作品是否成功的唯一标准，关键要确定服务对象是谁。你想，是不是这个道理呢？”

“我明白了！”秀晶深受触动，“我要把思路拓宽些，多考虑各种可能性！”

“放心吧，你一定能成功！”贞雅摆出个志在必得的“V”字手势，朝秀晶做了个大大的鬼脸。

秀晶把图纸平平整整地放在桌子上，但没有下笔。她决定不把设计当做一件意义非凡的艰苦工作，而是要在思路开阔的前提下，自然而然地捕捉灵感来临的瞬间。虽然时间很紧，灿秀约她看电影，她仍然轻轻松松地去了——她深知，只有自己以愉快的心态对待成功，成功才会顺利地到来。

这部电影是爱情片，内容是作家与元配、情人、续妻剪不断理还乱的四角情缘。三个女人性格鲜明，就像一颗颗宝石，等等，秀晶脑海里突然迸发出几个闪亮的火花，和灿秀用一个激情的热吻匆匆告别，她就扑到电脑前奋笔疾书。

《女人·宝石·爱》

元配是奉父母之命和作家结合的传统女子，她的情感就像紫水晶般沉稳内敛，两颗交织的紫水晶花朵，最能表示她暖暖含光的心境和坚强的气质……

情人是作家的大学同学，她是自强自立的知性女子，就像海蓝宝石，有着刚与柔、冷与热的极致和谐，深邃而透明，丰富而纯净。

续妻是强调自我的物质女郎，她像蛋白石般光芒四射，令人意乱神迷，却又昂贵娇嫩。她表面华丽奢侈，就是为了隐藏她内心深处的敏感和脆弱。

整个设计过程，就是秀晶与三个女人心灵息息相通的过程，她感到她们在她笔下活着、爱着、悲伤着、快乐着，她们用珠宝的形式，向秀晶，向所有人，述说着自己最隐密、最真实的美丽与哀愁。

这组设计一定能得三等奖！——把图纸送到评委会那天，秀晶想。

她没有想到，一场汹涌狂暴的惊涛骇浪，会把她刚刚扬起的希望之帆毫不留情地撕成碎片。

**注释**

①DTC：全球最大钻石供应商——国际钻石贸易公司的英文缩写，该公司已成立80多年，总部位于英国伦敦，近年来经常举办钻饰设计比赛活动，鼓励更具创意的钻饰设计。

# 30 事业爱情，难道都是梦想

今天是周五，也是第8届业余珠宝设计大赛网上揭晓获奖名单的日子。

珊瑚这星期只到过店里两次，而且形色匆匆，但秀晶全部心思都放在大赛上，并没有留意。例行清洁完毕，她便迫不及待地打开电脑查看比赛结果。

三等奖，没有她；纪念奖，没有她；一等奖二等奖，当然更没有她。

秀晶有些失望，但并非没有思想准备——毕竟学习时间太短，这次不行，多学学他人的经验，下次继续努力。

她极力安慰着自己，打开一等奖作品，却愣住了。

《幸福 · 珠宝 · 美》？这标题怎么如此熟悉？

还有评委意见——“该作品最引人入胜之处，是用珠宝诠释了一个男人和三个女人的爱情悲剧：前妻的爱情像美玉般坚贞，初恋情人的情感像珍珠般纯净，后妻的激情像红宝石般炽热……”

虽然三种首饰和秀晶设计的材质截然不同，但秀晶能读得出，很多细节都是她特有的创意，她用颤抖的手拨通了设计班老师的电话。

“秀晶？我，我忙着呢，以后……再说吧。”老师的语调竟慌乱而尴尬。

秀晶心头的疑云越来越浓重，直至坐立不安，终于做了件“开天辟地”的大事：关店，直接去找老师！

“秀晶，我对不起你，实在对不起你！”秀晶拖着沉重的脚步，神情木然地往回走，耳畔回荡的，仍是老师无奈的忏悔。

“你的设计我非常满意，一直作为一等奖备选，也有评委和我素来不睦，提出创意虽好，设计还有待推敲，建议评为二等奖。就在截稿那天，投资商带着女儿来了，他女儿翻来翻去，只把你一个人的图纸拿走了，然后就交来这个……我们都明白是怎么回事，可那投资商已出资办了几届设计大赛，没人敢得罪他……”

“秀晶，你忍了吧，打官司你赢不了！不仅因为她家有钱有势，法律上你也没理——你显然没有申请著作权保护，她可是有备而来的，材质都换了，细节也调整了不少，至于创意，那部电影无数人看过，她完全可以解释成巧合……你要怪，就怪老师好了！要不是我坚持要你参加设计大赛，也不至于让你受这么大委屈……我已递交了辞呈，我没脸再见到你……”

不公平！不公平！！不公平！！！不公平！！！！不公平！！！！！

秀晶心里高喊着，凄凉的泪水夺眶而出，虽然她强迫自己翻来覆去地默念老人的告诫：

“不要抱怨，而是以积极的、正面的思想去面对。”“绝对的公平，是不存在的。”“不要因为别人的错误而惩罚自己。”“不要让别人的思想来支配你的情感、左右你的情绪。”

——这些话说起来容易，然而在这时候实践，却难上加难。虽然星红宝石还像往常一样躲在衣袋里，秀晶却根本没有兴趣去摸它。

“灿秀，我只有靠你了。”秀晶轻声呼唤着。虽然她知道，向灿秀抱怨任何问题都不会得到解决，因此没有任何用处——就像老人说的那样，但她是女人，是举目无亲的小女人，当凄惶无助时，唯一能依靠的，只有他宽大温暖的臂膀。

然而灿秀的手机一直关机，也许在开会吧。他说过，这几天一直在忙个项目。

秀晶苦笑了一下，向她和灿秀经常驻足的咖啡店走去，看来只能像过去一样，用热腾腾的咖啡和夹肉面包来抚慰疲惫的身心了。

然而，走到门外——

灿秀和贞雅就坐在窗边，贞雅似乎在声泪俱下地诉说着什么，然后直直地盯着灿秀，渴求的目光充满了炽热。灿秀则容色清澈，爱怜地把咖啡推到贞雅的面前，用手绢轻轻擦去对方的眼泪，终于，贞雅停止哭泣，笑靥如花。

是这样……我明白了，我全明白了……

秀晶很想不顾一切地冲进去，却一动未动，老人说过类似的话吗？

“你永远不可能预料到自己所爱的人会如何对待另一个人。如果他们关系好，你就认为这和你有关，不断抱怨，甚至措辞激烈，有什么用呢？这只能证明你不自信、不自爱。”

不对不对，这句话好像是东元哥说的，动脑筋真累……

即使将这话置若罔闻，秀晶也感到连闯进咖啡店理论的气力都没有了，只想扑到床上大睡一场，明天爬起来，一切都会改变……

但残存的最后一丝理智却在提醒她，回珊瑚工坊去！无论如何，她私自关店外出的行为已无异于旷工，她毕竟是店员，那里是她的岗位，是她的责任……

秀晶灵魂出窍般地飘到店外，刚一开门，同时拥进来好几个男人。

“你们要干什么？”秀晶霎时间清醒了一多半，随手抄起灭火器。

“姑娘，别紧张，我们是来看房子的。”一个男人说。

“后院放不了几张桌子，不过做晚宴舞台还行。”“这里做厨房不通风，还要装排烟设备。”“什么地方挖酒窖呢？”“瞧，这间房改改就能变包间，还不错……”

男人们在珊瑚工坊各个角落窜来窜去，七嘴八舌地议论着。

“你们说的是什么啊，这是珠宝店！”秀晶留意着每个男人的一举一动。

“姑娘，你还蒙在鼓里，你们老板正卖房子呢，好像要去意大利。”男人们倒是都很懂分寸，刻意和珠宝柜台保持着距离。“不过，要是我，也不会把这事提前告诉下属。”——一个男人说。

“难怪员工们都骂你！”另一个男人嘻嘻哈哈地笑着。

“他们都跑光了，我最后几天的生意还做不做？”男人理直气壮地辩解道，接着，又低声嘱咐说：“姑娘，你还小，这事儿你自己心里明白就行了，千万别找老板闹，她正愁没借口辞你呢！坚持到最后，才会拿到赔偿费！”

“啊……”秀晶的内心仿佛又被铁槌重重一击，只是，她已经感觉不到痛了。

男人们总算一阵风似的走了，秀晶咬紧嘴唇，坚持把珠宝柜台检查了一遍——没少，也没被换过。

镶钻座钟敲响了六下，到了下班时间。

秀晶机械地锁上珊瑚工坊大门。

我这个人，还有价值吗？

她感到自己像一枚孤孤单单、伤痕累累的棋子，被人毫不犹豫地丢弃在冷酷世界的中央。

事业前程、海誓山盟、友谊亲情，竟然，都是，梦想。

# 31 无法改变不公，就改变态度

“您是要对我说，这所有的一切，都是我自己吸引过来的吗？”

秀晶坐在老人对面，却直直地望着雪白的墙壁，一字一顿地说。

“可能就是吧。我，我果然是无可救药，尽吸引这些东西……”秀晶手一张，星红宝石悄然无声地跌落在地上。

“秀晶，你要哭，要哭出来！”老人焦急地推着秀晶。

“我，做不到……”秀晶依然呆呆的。

“如果你遇到巨大打击，就不能再压抑。要尽情抱怨，把负面情绪充分释放出来，让它爆发！想想你说的，你的设计作品被剽窃，爱人背叛了你，友人又伤害了你，你简直倒霉到家了！来，充分感受这种抱怨，让它释放出来！”

“怎——么——释——放？”秀晶听得稀里糊涂。

“你感到你积蓄的所有痛苦都压在什么地方？在脑子里，还是在胸口？”

“胸……口……”

“好，去感受它、接受它，然后释放它！不要想它们是否消极，是否是不当的情绪，要发泄你内心深处最真实的感觉！”老人引导说。

“哇”的一声，秀晶终于哭出声来，然后，声音越来越大，老人默默地递过来一个硕大的绒布熊，示意秀晶击打。秀晶开始还有所收敛，但终于像暴风雨般歇斯底里，把所有的痛苦、哀怨、绝望化作一个个重重的拳头，砸在绒布熊身上，同时喊着“你们都在骗我，在害我！我不原谅，坚决不原谅，永远不原谅……”

“我好点了……”经过疯狂的发泄，秀晶终于筋疲力尽，栽倒在老人的床上。

秀晶睁开眼睛时，天已经大亮，星红宝石静静地卧在她的枕头旁边。

“秀晶，醒了吗？” 老人关切的声音从厨房传来，“松仁粥熬好了，简单收拾一下，起来喝吧，今天是周末，有的是时间，吃完饭咱们再慢慢聊！”

两碗松仁粥，一碟萝卜泡菜下肚，秀晶感到身体稍稍有了些气力，但心灵深处的创伤还在不停地滴血。

“今天是周末？也好，反正，我也不打算去上班了……”

秀晶以为老人又要讲一堆“不要抱怨，不要逃避”的大道理，没想到老人却点点头：“安静几天也不错。这样，你先休息半小时，再把所有，不，只把设计大赛的事情原原本本地说一遍，好吗？”

“我现在就说。”秀晶激动地站起来，被老人按住，递过星红宝石："静静地考虑半小时，然后，不要抱怨，尽量用陈述事实的语言来描述，好吗？"

"好的。"秀晶长出了一口气，她还想把曾经的怒气再宣泄一遍，但随着时间的推移，愤怒却渐渐地消失了。等她握着星红宝石开口时，语气已平缓了许多。

"整个过程就是这样。"结束叙述时，秀晶深深地叹了口气。

"当时你的第一感觉是什么？"

"不公平，不公平，真是不公平！"秀晶的情绪又有些不由自主。

"咱们说过，抱怨的最终目的，是解决问题，那么，问题可以解决吗？比如说，你会去告投资商的女儿，或者揭发她吗？"老人为秀晶倒上一碗什锦水果汤。

"要是可以解决，哪怕只是能出口恶气，我也不会……"秀晶苦笑着说："我在律师事务所打过工，多少知道点著作权法，她把材质细节都换了，就不再是抄袭！而由公众作品引发的创意思路，不受著作权保护，除非我事先申请，算了……老师说得对，我赢不了。甚至反过来，我是家财万贯的小姐，她是穷打工的，我也照样赢不了，法律不是不透风的墙，只要有意想钻空子，机会多的是……"

"所以，虽然你的心情可以理解，但是你的抱怨，不能改变任何情况——很抱歉，也许奶奶话说重了，但这是事实，即使奶奶也必须面对。我们的社会提倡伸张正义，主持公道，然而，在任何时间、任何国家，不公正的事情，小到像你这样的侵权，大到政权颠覆，从来就没有停止过。都说美国民主，事实又怎么样呢？有钱人常常不会被定罪，法官警察往往会被有权有势的人收买。即使谋杀，无论真实案例还是电影，明知罪犯是谁，却苦于法律空子或证据不足，只能眼睁睁地看着凶手逍遥法外的事，也有不少吧？”

“那我怎么办呢，认命吗？”秀晶凄然一笑。

“就像老师说的，只能接受，因为你个人的力量实在太渺小了，根本无力扭转这种普遍存在的社会情况。

在漫长的人生中，我们不可能事事如意，如果不喜欢某件事，就改变那件事；如果无法改变，就改变自己的态度。不要抱怨，不要耽溺于任何痛苦的经验太久。否则，你就是不够自信自爱，不能坚信你的价值。

咱们不是说过好几次吗？‘抱怨轮回’有害无益，它只能阻止你吸引到你真正想要的东西，还记得吗？”

“可是我还……”秀晶心里还是别扭。

“这话咱们从前也说过。”老人为自己也倒上一碗什锦水果汤，“记得当时你还说，要是有人偷了你一个钱包，你觉得不公平，就去撬他的保险柜，那你成什么人啦！那会儿不是挺明白的吗？现在怎么又糊涂了？”

“奶奶……”秀晶的脸微微发红。

“咱们再退一步，就算奶奶能像神仙一样，有神力帮你主持公道，找回本应属于你的荣誉，但以后呢？奶奶能跟你一辈子吗？或者再假设，就算你的事业能一帆风顺，你在家庭中，也会遇到各种各样的矛盾和不公平，那时候，就算有大侠愿意帮你，你也会把他推出去的！”

“那可不一定！”秀晶眼前又浮现出灿秀和贞雅的欢声笑语，要是有大侠……

“好了，咱们先不想别的，还说大赛。”老人觉察到秀晶走神了，“出现了这种事，在下次设计大赛，或者其他类似的情况时，你应该注意些什么呢？”

“当然是申请著作权保护！”秀晶脱口而出。

“这只是一方面，但每件作品随时随刻申请保护，也是不可能的。”老人说。

“哎……”秀晶的目光又暗淡了。

“加强作品的技术含量，也是防止别人侵权的重要环节。在计划之前，我们就要想到自己的特点和内涵，你的想法越复杂，越有特点，越有创新性，别人就越难模仿。

许多山寨产品能抄外观，却抄不了精髓，就是这个道理，如果你的产品或策划轻而易举地就被别人抄个滴水不漏，甚至只说出一句话，别人就能更上一层楼，就说明你的点子含金量差，你的水平还有待提高。”

“这个嘛……”秀晶虽然不愿面对，但也不得不承认，自己引以为豪的创意，其实只是一场电影的启示，并未经过反复的推敲和斟酌，更不要说技术理念。

“或者，就算别人一时得手，思想就在你的脑子里，谁也夺不走。你的收获是创意形成的整个过程，这个过程会使你受益匪浅，也会让你以此为基础将设计发展得更加完善，下次会做得更好，对不对？”老人细致地分析道。

“可下次大赛要等到什么时候……”秀晶目光游移。

“你还年轻，还有很多机会。按老师的话分析，即使是和老师不睦的评委，也认为你理应得到二等奖，是吗？”

“是。”秀晶点点头。

“所以你就认为自己已经得到大奖好了！你自己的价值，是你自己决定的，为什么要受别人的左右？记得咱们也说过：

如果你的目标只是让别人称赞，就是抱怨自己、不自信自爱的体现，一旦你不能如愿以偿，便会更加沮丧抱怨，从而放弃继续奋斗的决心。是不是？”

“所以，我要不受影响，继续努力！”虽然秀晶心里仍有些不舒服，但她明白，老人的话确有道理。

“不但要不受影响，我还要恭喜你呢！”见秀晶情绪好转，老人也绽开笑容，“不管结局如何，你的能力已得到了所有评委，以及你的敌人的认可，不然她为什么只抄你一个人的图纸？几个月就把学了几年的同行甩在后面，高兴还来不及呢！中午了，”老人望了望窗外，“走，咱们去四星级酒店吃顿自助餐，好好庆祝一下，再去汉江边上散散心！”

“奶奶您真会说话！”秀晶脸上有了点笑容，但又转瞬即逝：“可是灿秀和珊瑚的事……”

“这些明天再说，今天咱们先吃先玩，好吗？”面对老人诚挚的邀请，秀晶神色虽有些勉强，还是点了点头。

# 32 嫉妒，请你走开

周日吃完午饭后，秀晶的情绪已渐渐好转，设计大赛的事实，也无可奈何地接受了，但灿秀的事情，还像一块大石头，压在她的心上。

“还没有给灿秀打电话？”老人问。

“他也没有和我联系。”秀晶撅着嘴说，“他说这些日子忙个项目，要经常加班……就在咖啡馆和贞雅加班吗！”

“你还在生他的气！你们俩的关系，是不是真的山穷水尽了呢？灿秀是不是亲口对你说，我爱贞雅，不喜欢你？”

“他当然没说……实际上他也许根本就没看见我……”秀晶低声说。

“那么，你是第一次见到灿秀在咖啡馆和别的女人在一起吗？”老人又问道。

“不是。”秀晶期期艾艾地回答道，“灿秀很喜欢那家咖啡馆，经常在那里谈业务，我见过他的女上司、女同事，可她们都，都不如贞雅……”秀晶忽然意识到什么，没有说完。

“她们都不如贞雅漂亮，是不是？”老人捕捉到了秀晶话里的意思，“也就是说，你还是在抱怨

——嫉妒，其实就是抱怨的一种。

你嫉妒贞雅，和她相比你自愧不如，便抱怨说，‘是我的问题’，‘我配不上他’？你不是亲口向我说过珊瑚的爱情故事吗？你不是还称赞珊瑚做得对吗？”

“那是珊瑚姐有资格自信……”秀晶知道自己心里在想什么，却不敢说出来。

“为什么珊瑚有资格自信？因为她是大家闺秀，对方只是小家碧玉？那后来她家破产的时候，为什么反而得到了幸福呢？你对自己没有信心，对爱情没有信心，你过于看重容貌、金钱等外在的东西，还是没有认识到自己的价值，你想的还是，‘我不值得被爱，灿秀之所以爱上我，只是因为我运气好’，然后，你把注意力放在了别人身上，按自己的标准要求别人，而忽视了自己的价值。”

“这个，其实……”秀晶不得不承认，老人把她的心里话说了出来，实际上，这种思想，从她向灿秀表白的第一天起，就在脑海里时隐时现。

“秀晶，咱们不是说过吗？

你要不加抱怨地接受自己。事业如此，生活如此，爱情也是如此。

如果你过于强调外在的东西，对自己和对方的感情缺乏最起

码的信任，那你这一生都会陷在无穷无尽的烦恼中，因为一定有女人比你美丽，比你学历高，比你有钱，以后，还会有比你年轻的。”

“但是，他们显然不是一般关系，可亲密呢，我看见了……”秀晶还在情感的旋涡中挣扎，她当然不愿相信灿秀另有所爱，但事实就是事实。

“即使是亲眼看见的东西，也未必是真实的。”老人说，“咱们在游乐园时，不是亲眼看见魔术师飞走吗？你相信那是真的吗？”

“当然不信！那是魔术，不是魔法！真的飞走，不就成哈利·波特了！”秀晶毫不犹豫地说。

“所以，我们的眼睛，有时也会欺骗我们，此时，我们必须靠头脑对事物的理性认识作出合情合理的解释，而不是看到什么就相信什么。

你看到灿秀和贞雅亲密时，没有头脑一热冲进去，这很对，但你仔细想想，你情绪因此低落，是不是也和大赛受到不公平待遇有关？如果当时是咱们从游乐园高高兴兴地回来，你发现他们在一起，会不会心态积极地想，他们都是我的好朋友，在光天化日之下喝喝咖啡，说说笑笑很正常呢？”

“嗯……”秀晶停了好一会儿：“不排除有这种可能性。”

“咱们说过，如果你以消极态度去看这个世界，你也只能得到消极的东西。”老人笑了，“也许灿秀和贞雅真心相爱；也许他们只是彼此有好感；也许他们只是朋友间随便聊聊天；每种情况发生的可能性各占30%，而你却一口咬定他们是坚不可摧的爱情，然后再不达目的不罢休地追踪下去，最后怎么样呢？他们走在一起的可能性会由30%变成100%，而你‘不要失恋’的抱怨，只能和‘不要迟到’的后果一样，欲速则不达。”

“您说得对。”秀晶的声音越来越低，“可要真是最坏的情况发生，遇上第一个30%，他真的……我，我会受不了的。”

“如果灿秀真的爱上了贞雅，或者其他什么人，他也只是作出了他自己的选择，是他自己的原因，和你没有任何关系，是不是？如果你为此抱怨冲动，表面上是强调自我，实际上却是放弃了你自己的认知，把别人放在高于你自己的位置上。

毕竟，爱是两个人的事，你爱他，他可以接受，也可以不接受，或者只是暂时接受。我们不能按别人的标准生活，同样，也不能让别人按我们的标准生活。相爱是幸福的，但如果事与愿违，你也没有任何必要去勉强别人，更不要因别人的决定来改变自己的价值认知。是不是呢？”

“可是，我付出了那么多……”秀晶轻叹了口气。

“但是，灿秀没有付出吗？你没有得到吗？”老人接着分析

“爱情，是两个人自愿付出的结果，真正的爱情不是天平，你摆上两个苹果，对方也摆上两个就是快乐，摆上一个就要倾斜坍塌。它是你内心深处无所言说的快乐，是两颗心的碰撞与融合，所谓‘幸

福不可量化’就是这个道理。

即使我们不幸言中，呸呸！”老人声音夸张，秀晶不禁笑了。

“即使我们不幸言中，你也不能抱怨，而要感恩，因为你和灿秀一起度过了非常美好的时光，没有他，你根本不会知道爱情有多么快乐！还记得从前你对我说过，凡是仪表堂堂的男人爱上你，就一定是骗子吗？但灿秀不是，他至少真心爱过你一段时间，因此改变了你对男人的看法，这就是进步。再说，咱们只是推测，可能什么事情都没有，你多心了，折腾自己，也折腾奶奶，到时候，奶奶可饶不了你！”

“要真什么事都没有，我和灿秀，一定请您吃饭！”秀晶精神好多了，希望也重新点燃。

“这次可要五星级酒店，不然奶奶可要觉得不公平了！”老人故意板起脸。

“当然！”秀晶顽皮地一笑。

“说着玩的。”老人拉起秀晶的手，“至于珊瑚的事，和灿秀的事情差不多，只是把爱情换成了友谊而已，你想想，你和珊瑚在一起工作已经八个月了，比和灿秀在一起的时间还要长很多，珊瑚的为人，难道你不知道吗？怎么能因为别人的一两句话就改变自己的看法呢？如果因别人的观点影响自己的情绪，改变自己的认知，还是证明你不自爱不自信，没有认可自己的能力。你否定了对珊瑚的认识，同时也就否定了你自己的判断，对吗？”

“是。”秀晶回忆起自己被骗3克拉钻戒时珊瑚的态度，即使母亲，也不过如此。

“别的我就不说了，就说最坏的。即使珊瑚卖店因为某种原因没有通知你，即使你最后被迫放弃工作，但这八个月，已经奠定了你在珠宝界发展的基础，没有她的鼓励和帮助，你可能根本不知道自己有成为珠宝设计师的潜力，你就不能抱怨，反而要感恩！如果你有朝一日实现了自己的梦想，你还要记住，这些，都是珊瑚给予你的！”

“我知道了！”秀晶的脸色由白变红，老人真有办法，无论多棘手的难题，到奶奶这里，总会迎刃而解。

“那我应该怎么办呢……等等，我想想……找他们沟通？”

“小熊小熊你没有白白受罪，秀晶姐姐理智多了。”老人拉起那只绒布熊的胳膊，向秀晶挥了挥手，秀晶回想起周五晚上的冲动，有些不好意思。

“对，沟通，而且，还要冷静的，不带任何情绪的沟通。珊瑚不是对你说过吗？

你用什么态度对别人，别人也会用什么态度对你，只有你对别人真诚以待，你才能得到最真诚的结果。当我们用批评或指责的口气和某人说话，即使他们确实是错的，甚至有愧于你，只要你态度激动，对方也会觉得有必要为自己的行为辩解，竭尽所能地反击。结果，只能将矛盾愈演愈烈。”

“是。我明天第一件事，就是和他们沟通，像斯佳丽说的：明天，又是新的一天！”秀晶又鼓起了勇气。

“好的，现在你应该做什么？”老人掏出闹钟——秀晶过夜时特地买的——指了指。

秀晶点点头，接过闹钟，略有些踌躇，但终于平静了，像往常一样，调到上班时间。

# Part8

# 找回 钻石般的自己

◇消除误会有多重要

◇爱情，从不是命中注定

◇我不必尽善尽美

◇不抱怨的世界

# 33 消除误会有多重要

周一早晨是个雨天，淅淅沥沥的。和八个月前的雨一模一样。

雨点密集而细碎，淡淡地笼罩着珊瑚工坊的窗，如同少女轻盈而飘逸的面纱。面纱深处，绚丽的马赛克装饰如同点点滴滴的碎钻，蜿蜒在彩色的弧线之上。

但是秀晶并没有留意这些。虽然经老人分析，她的情绪有很大好转，但毕竟无法如老人般通达，走近珊瑚工坊时，曾经撕心裂肺般的痛，又敲击着她的心扉。

但除了坚强面对，她别无选择。

推开玫瑰色大门，珊瑚在电脑前忙碌着，只抬头打了个招呼。

秀晶犹豫再三，终于鼓起勇气："珊瑚姐，您有空吗？我想和您谈谈。"

"我正忙着，一会儿吧。"珊瑚的回答，竟是漫不经心。

"果然如此。"秀晶感到自己在微微哆嗦，或者是小雨飒凉，或者是心生寒意，"我没有猜错……"

秀晶拾起抹布擦桌子，却没有打开设计本，也没有了曾经快乐的歌声。

小屋一片静寂，直到被贞雅激动的声音打破。

“秀晶，珊瑚姐！告诉你们一个好消息，我又恋爱了！”贞雅的笑容如阳光般明媚，“他说我跳桑巴的舞姿好美！他都陶醉了！开始我还犹豫是否接受，但你们不知道，他的攻势好强烈！”

“你太恬不知耻了！”秀晶刚刚平静的内心又漾起了浓浓的恨意，“抢了我的男朋友，还竟然有脸来这里招摇！这都是我自己引狼入室！贞雅是什么玩意儿，我早就应该知道！可她说和我做朋友，我竟相信了她！”

秀晶很想冲上去，指着贞雅的鼻子大骂一顿，但是——

——你要冷静、不带任何情绪地沟通。别忘了，你用什么态度对别人，别人也会用什么态度对你。

——当我们用批评或指责的口气和某人说话，即使他们确实是错的，甚至有愧于你，只要你态度激动，对方也会觉得有必要为自己的行为辩解，竭尽所能地反击。结果，只能将矛盾愈演愈烈。

秀晶深深地吸了一口气，转身面壁30秒，努力使自己的情绪稳定下来，才说道：“贞雅，你我有所不同，但是我很难接受这一点，毕竟，我深深地爱着他，至今仍然爱他，你这样做，我感到非常遗憾……”

“你太恬不知耻了！”贞雅可是想到什么就说什么，“你已经有了灿秀，还要抢我的东元！想脚踩两只船吗？做梦！”

“什么？你说的是谁？”秀晶虽然白白挨了骂，却感到一块石头放下了。

“东元哥啊？原来你以为……”贞雅恍然大悟，指着秀晶，笑得说不出话，而秀晶，也笑得连腰都直不起来了。

“这事，还要好好谢谢灿秀！”贞雅语气真诚，“他连续加班几天，还放弃休息来帮我分析，要不是他鼓励我勇敢地面对爱情，并说东元哥为人非常值得信赖，我还真下不了决心！灿秀真是个好人，秀晶，你太幸福了！呀！”贞雅瞄了一眼镶钻座钟：“我要迟到了，回来咱们再聊，Bye-bye！”

望着贞雅雨中的身影，秀晶再次自嘲地笑了——这件事，原来竟如此简单！

“秀晶，你要说什么？”珊瑚敲击键盘的双手终于停下。

“哦，”本来秀晶早已精心准备了一套语气和缓的质问，但临时改变了主意，只轻描淡写地说，“上周五，看房子的人来过了。”

“其实这件事我早该告诉你的，可又想等大赛结果……我知道你心里委屈，要想发泄，就对姐姐说吧！”珊瑚的话干脆明了。

“您都知道？”秀晶睁大了眼睛。

“我不了解具体情况，但看到一等奖作品时，就明白了。”珊瑚见秀晶并没有泪流满面扑到她怀里，便直接切入主题：“秀晶，你想出国进修吗？”

“出国？”这种事秀晶做梦也没想过。

“是这样，你大哥的意大利朋友想和我一起合资办个珠宝设计公司，我们已筹划了几个月，本来想送你去意大利，近些好照应，但怕语言关不好过，就转向德国——我记得你无意中说过，在学校学过德语。”

“这您还记得？”什么时候说过这句话，秀晶自己都忘了。

“联系学校并不难，但学费太高，我们想从卖房款中支出一部分给你，然而你好强，怕你不接受。我们就想拖一拖，因为设计大赛的奖品之一，就是在美国宝石学院首尔分校进修，在家门口培训，你的压力会小很多。同时，我也把你的参赛作品转给了朋友及校方，希望他们能给你机会。”

“我真是把珊瑚姐的好心当成驴肝肺了！”秀晶连声暗骂自己。

“上周五早晨我就发现了问题，急忙去催，昨天晚上好消息来了，一家学校决定给你半奖，你的负担小多了，其他的我和你大哥会解决，你就专心学习吧！”

“珊瑚姐，我对不起你……”自责像一条大蛇咬噬着秀晶的心，她决定把自己的误会和盘托出，而珊瑚只是微笑地听着，神色从容。

说够了，秀晶才抬起头，环视着小屋内的一切。

“要是能留下珊瑚工坊该有多好。”秀晶遗憾地说。

“实在没办法，等以后我们的设计公司赚了钱，再把它买回来吧。”珊瑚也有些难过，但还是趋于理智，“秀晶，明天起你就不要上班了，立即复习德语，附近有个德语加强班，我早就打了招呼。”

“是，我一定努力！不吃饭不睡觉也要学好德语！”秀晶用力点点头。

“又来了，不吃饭不睡觉你能学好吗？别忘了咱们说过：

通向成功的路，应该是愉悦、快乐而轻松的，以最自然而然的心态学习，才能达到目标。

对不对？”珊瑚刮了一下秀晶的鼻子，又取出一个小包：“还有这个，该还给你了。”

秀晶接过来打开，是青金石戒指和钻石项链！

“妈妈会在你最需要的时候陪伴你，记住，你只是想要，就一定能得到！”珊瑚紧紧握住秀晶的手。

“明白了！”秀晶把戒指和项链深深地贴在胸口。这世界是多么美好！她唯一的回报，就是用更美好的心情去审视它、感受它，然后张开双臂，拥抱更加美好的未来。

# 34 爱情，从不是命中注定

秀晶再次推开玫瑰色大门时，已是20多天以后。

珊瑚工坊业已空空荡荡，只有大门后的架子还没有拆。贞雅素面朝天，头上包着布，身上系着围裙，探身去擦架子最深处的灰尘，如同淳朴的清洁妇。

“贞雅，你辛苦了！都是因为我！”秀晶惭愧万分。

“哈，自作多情了吧！我可不是帮你，是帮东元！”贞雅说话从不拐弯：“他说你白天学德语，晚上去设计班，一定忙不过来，珊瑚姐就交给我照应了！”

“别看你们见不到面，感情倒是越来越好了。”秀晶由衷地为贞雅高兴。

“谁说见不到面？晚上他回旅馆，我们就在网上视频聊天，他胡子又长了1厘米我都知道！”贞雅沉浸在爱情的幸福中，“不过这几天联系不上了，他去了荒僻的边境山区，说真有可能发现宝藏！秀晶，你可要教我说德语的‘我爱你’，等他回来，我要用10种语言对他说！”

"我现在就教！"秀晶刚要说，却被贞雅制止："现在可不行，灿秀在后院等着你呢！珊瑚姐在休息室，后院没别人，快去吧！我要是耽误了你，东元回来一定会埋怨我的！"

是的，他正在后院等着她。

阳光清澈浓烈，透过片片树叶，在他脸上投下点点的阴影，也许站的时间长了，他的肩膀上落了几片碧绿的叶子，撒了几点雪白的花瓣，飘逸，而又从容。

他向她张开双臂，笔直而毫不动摇地凝视着她，她稍微顿了一下脚步，犹豫了刹那，便扑了过去，他冲前急走几步，她来不及收势，就直接冲进他怀里，他双手围拢，圈起的空间，只能容纳她一个人。

已经无法贴得更近了，她的耳边，能听到他胸膛下沉稳的心跳。

秀晶抱住灿秀好一会儿，才松开手，取出一枚领带夹。领带夹中间镶着一块小小的黄玉，黄玉无可替代的闪亮质感在阳光下变幻闪烁，如同精灵般轻盈浪漫，拨动着爱人的心弦。

"这个黄玉领带夹，是我专门为你设计，而且是亲手做的，黄玉象征友情，友爱，真挚，洁白；你戴上它，就像王子一样……"

"我是王子，你就是我的公主。"灿秀压下重重的吻，也掏出个盒子打开：

"这是我家的传家宝，原型是曾祖父送给曾祖母的信物。当时曾祖父是首饰店伙计，曾祖母是官家小姐，他们之间根本不可能……但曾祖父没有放弃，用最廉价的白银和水晶做了这枚胸针，说，这里面注入了他对幸福的所有期待，拥有它的人，就一定能拥有幸福！结果，他竟成功了！然而因为战乱，胸针遗失了，他们心痛极了……在他们金婚庆典时，祖父召集所有兄弟姐妹，用钻石和黄金重新打造了一个，他们激动不已，含着泪说，希望所有后代都能拥有幸福！”

“太令人感动了！”秀晶郑重地接过胸针，仔细打量着。

这是一枚K金双层镶钻的组合型胸针。心形金底座线条明净，周边碎钻灵动蜿蜒。底座正中的菱形钻石高贵典雅，像天空般纯净，或者如同最完美无瑕的爱情。

这枚胸针——秀晶全身颤抖——她见过！

“灿秀，你，你九个月前戴过这枚胸针吗？”秀晶的声音有点哆嗦。

“九个月前是曾祖父的忌日，我好像戴过。”灿秀努力地回想着，“是。回来的路上遇见到首尔出差的小学同学，他们约我看电影，匆忙间忘记摘下来……”

原来，在我四处寻找面包房的时候，我们业已相逢在茫茫人海。

原来，正因为我和他的擦肩而过，才使我走进珊瑚工坊，走进崭新的未来。

“所以我们俩的爱情是命中注定的。老人说得对，只要拥有这枚胸针，就一定能拥有幸福！”听完秀晶的叙述，灿秀情绪相当激动。

秀晶把头深深地埋在灿秀怀里，她心里明白，事实并非如此。

——如果我没有鼓起勇气，向珊瑚大声说出我对工作的由衷渴望；

——如果我没有勤奋努力，告别抱怨，自强自立，实现自我价值；

——如果我没有对贞雅放下隔阂，以完美的沟通方式，完成了化敌为友的转变；

——如果我没有在珊瑚的指导下改变形象，把自己变为优雅有情趣的女人……

还有后来：

——如果我在面临巨大的工作失误时选择逃避；

——如果我在真爱来临时不愿面对真实的自己；

——如果我发现他和贞雅在咖啡店里时便风风火火地冲进去……

这一切，我都不会得到，我和幸福胸针的距离，只能渐行渐远。

奶奶的话，仿佛就在昨天，

——人生来都是不抱怨的，只有经历了不幸的事情，才学会抱怨，也从此开始了抱怨的恶性循环。幸福的人都是不抱怨的，我们要想幸福，就要改变负面的思想和语言，不要抱怨，而是以积极的、正面的思想去面对，预想美好的未来。

——逮住你的负面情绪，然后释放它，再也不让它回来。当你控制你的思想和言语时，你就迈出了主动创造生活的第一步。

——你的态度，也就是你内在思维的外显表现，它往往会决定人们和你之间的关系。

还有，我曾在老人的小屋里写下的：

——我希望我的男友是有耐心、善于照顾人、温文尔雅，而又守时守信的人！我一想到我能与他一起去旅行就非常兴奋，我喜欢被他赞赏的感觉，我也希望他有同样的感觉，我还希望他永远爱我，当然，我也是！

写完，我对奶奶说，这种感觉，真是太棒了！而奶奶的回答是：

——要记住，这不是你想要的生活，而是宇宙一定会帮你得到的生活！

——秀晶，你过去的所有抱怨，所有痛苦、绝望和悲伤，都已不复存在！你现在所要做的，就是开始呐喊——凡是你所渴望的东西，你都有资格得到！不要再抱怨，不要再找借口，快朝梦想前进吧！

“你说得对，这都要感谢幸福胸针。”秀晶的语气非常非常温柔。

不知从什么地方响起一首老歌：

I believe，爱不会是孤单；I believe， 这绝不偶然……

突然，哐当一声，珊瑚工坊内发出巨响。

灿秀拉着秀晶冲进去，珊瑚也从休息室跑了出来。

“这是什么啊！”贞雅也吓得不轻，“它一下子就从架子深处滚下来，差点砸到我的脚！”

“是那块翡翠原石。”灿秀扫了一眼，“珊瑚姐，您还没打开呢！“

“何必过于执著结果？该发生的自然而然会发生。”珊瑚神情如常。

“你们在用暗语接头吗？”贞雅着急了。

“这块石头和你还有点缘分呢！”灿秀把东元和翡翠原石的渊源，以及用它吓跑贞雅前男友的情况简单复述了一遍。

“我说东元哥火气怎么那样大，原来是潜意识里发现情敌啦！”秀晶笑着补充道。

“你们小夫妻合伙欺负我！”贞雅的脸红一阵白一阵，抱起翡翠原石就跑过去：“我也要砸，狠狠地砸！”

好在珊瑚工坊里已没有任何障碍，灿秀牵着秀晶的手在前面跑，贞雅抱着石头在后面追，阳光透过窗户泼洒过来，映着石头一闪一闪。

“你们停一下！”在一旁笑得前仰后合的珊瑚忽然说。

贞雅把翡翠原石放在窗台上，珊瑚把它翻过来，发现裂缝中透出绿莹莹的光。

“这里面，有翡翠。”珊瑚语气平静，仿佛意料之中。

# 35 我不必尽善尽美

和众人一起把翡翠原石送到专业机构之后，秀晶来到了奶奶居住的小巷。

小巷仍然像过去一样，没有灯光，没有狗吠。然而，从老人居住的小屋里却传来了女孩时断时续的哭声。

秀晶循声而去，发现屋里坐着个和她年龄相仿的年轻姑娘。

“奶奶说话不算数！”女孩哽咽难言，“您说过我会成为一个钻石女人，想要就能得到，我天天想啊想啊，可是快一年了，什么都没有！”

“你努力了吗？有没有试着去改变自己，有没有试着树立目标，去追求梦想？”老人问道。

“我努力了！”女孩理直气壮，“我天天想，月月想，随时随刻都想！被石头绊一脚，还低头瞧瞧是不是从天而降的宝贝！”

“仅仅是想吗？你做了些什么呢？”老人继续问道。

“做得太累会吃亏的，我可不傻！”女孩语气坚定，“大家薪水都差不多，凭什么我要多辛苦？那点加班费还不够我费心费神呢！我也想过跳槽，可是，刚面试，对方就让我交工作策划，把我当幼儿园小朋友吗？我挖空心思写的策划是值钱的，被他白白骗去怎么办？我就写了三行字，结果怎么样，没下文了吧！”

“你想过吗，付出也许不会有回报，但不付出永远都不会有回报？”老人接着问。

“我就知道一分钱一分货，让我干活，先要给钱！最好是工作一天能得十天的钱，不能物超所值的事，我听都不要听！我相信了您的话，就是想少奋斗三十年，可是……”女孩的眼泪又掉了下来，“奶奶，您可要补偿我，我可是全信您的了……早知道这样，真不如把冥思苦想的时间都放在吃喝玩乐上……”

“对此我深表遗憾，但是，我什么都不能给你。”老人语气同样坚决。

“哼，我就知道你这儿什么都没有！”女孩的脸陡然变色，跳起来四下张望，看见秀晶买的闹钟还算别致，便抓过来塞进包里，悻悻然地走了。

“不好意思，到我这里来的女孩子，不是人人都能变成钻石的啊。”老人对在一旁目瞪口呆的秀晶说，“奶奶再买个闹钟赔你吧。”

“不用了，谢谢您！”秀晶说，“我来这儿之前就想明白了。

想要就能得到，只是一种精神激励，要想真正实现梦想，必须知道梦想的盒子里需要装什么，再一步一个脚印以积极的情绪付出切实的努力。”

“对，咱家秀晶长大了。”老人神色欣慰：

“任何理论，不抱怨的秘诀也好，吸引力法则也好，星红宝石也好，都只是我们人生的指导，而不能替代我们的生活。使你真正变成钻石的人，只有你自己！

秀晶，你就要走了，东西收拾好了吗？思想准备好了吗？”

“东西收拾好了，您放心！”秀晶点点头，但同时，眉头又划过一丝淡淡的忧愁，“不过，要说思想准备，却有点……珊瑚姐费了这么多心思，还花了这么多钱，我真担心自己不能做得尽善尽美，虽然我会努力，但毕竟是个陌生的国家、陌生的环境……”

“你为什么一定要尽善尽美呢？只要尽力去做，不就很好吗？”老人声音和蔼，“事事要求十全十美，惧怕失败，实际上，也是你抱怨自己的体现，你反而容易失败，至少畏手畏脚、裹足不前，会失去许多通往成功的机会。珊瑚送你出国，是想让你成为优秀的珠宝设计师，可不是想让你变成十全十美的圣人，就连电脑，也会有错误程序，你要真是头上顶个光环，再长出对翅膀回来，灿秀一定会被吓跑了！”

“奶奶，瞧您说的。”提到灿秀，秀晶脸上泛起红晕，“我也没说要成为圣人嘛，但毕竟……比如，因为语言不过关，或者基础理论不扎实导致成绩不及格，那多丢人，多对不起大家。”

“这并非不可能，关键是你如何面对。”老人鼓励秀晶：

“这个世界上并不存在失败，所谓失败，只不过是别人对你应该做的某件事的看法，或者这个‘别人’，就是你头脑里的另一个自己。

我们不是说过，不要以别人的观点来影响你自己的价值吗？更何况，失败是相对的，不是绝对的。比如德语，你说过，之前连字母都快忘光了，现在经过强化能进行一般会话，你认为很成功，但如果你在柏林住下来，你就会发现，你的德语很失败，独立生活绝对有问题，所以还要继续学习，是不是？”

“是这么回事。”即使秀晶从未踏出过国门，也能想象得到。

“即使是复杂些的事情也一样，如果你按自己的标准未能完成某项具体工作，也没有关系，只要你不把它和你的自我价值等同就可以。你只是在某一具体时间内进行了某一种具体尝试，你没有达到某事的目标，并不代表你作为一个人整个失败了。

或者，你真的全然失败，也没有什么，只需继续努力。要是莱特兄弟第一次试验飞机就认输，别人也是，那你可就要靠两条腿走到德国去了！不是有句老话，失败是成功之母吗？”

“我知道了！”秀晶感到肩上压力轻松了许多：

“我要相信自己的能力，积极地面对所有可能来临的挑战！失败了，也决不抱怨，而是立即从头再来！

就像您九个月前说的，只要我有强烈的愿望，并付出全部努力，就可以实现梦想！”

“对啊。”老人说，“要想心想事成，墨守成规是不行的，要自信自强，勇于改变。九个月前，我对你说，你会变成一个像钻石般的完美女人，你还不信，现在提前实现了！你的钻石项链不但不会变成碎片，还会越来越坚固，并且以你为荣！”老人摊开手掌：“好啦，我的诺言都履行了，你应该履行诺言，把星红宝石还给我了！”

“不给，不给嘛！”秀晶撒娇地摇着老人的手，“您就让它陪着我吧，人家习惯了有它做伴嘛，要不，我用一颗，不，三颗水晶球换它，总可以了吧？”

“哎？”老人脸一沉，“你以前说得好好的，现在怎么又变卦了！”

“以前是以前，现在是现在。”秀晶说变就变，毫不脸红，“这种玻璃做的星红宝石，奶奶这里，应该会有很多吧！”

“你什么时候发现的？”听到秀晶的话，老人并没有惊讶。

“到珊瑚工坊才几天，我就觉得不对劲。”秀晶不再隐瞒，“它的色泽、质感和触感与真品差别很大。然而，尽管我手边有很多珠宝鉴定手册，也有珊瑚姐，但我始终没有查，也没有问。直到现在，我也只是根据分析得出结论，没有做任何鉴定。”

秀晶的眼睛里闪烁着迷人的光辉。

“因为您告诉过我，我的梦想，只要相信，就可以实现，还说，星红宝石能帮我实现一切愿望，所以我必须相信它就是一块真正的星红宝石，必须相信它拥有神奇的力量！它的实际价值，不是它放在柜台里的标价，而是它给予我的改变人生的勇气、信心和希望！它就是把一切幸福快乐吸引给我的磁铁！它是您，是珊瑚姐，甚至是灿秀，是妈妈，是所有关心我爱护我的人！如果您不坚持索要，我也许一辈子都不会把这个秘密说出来——奶奶，您让我一直拥有它，好吗？”

“乖孩子！”老人抱住秀晶，眼泪一滴滴滚落，“我早知道你会这样想，所以，我才要把它要回来！”

“为什么？”秀晶不解。

“因为，要是你把它当做你生命中最重要的东西，你就会产生依赖，就会把希望寄托在它的身上，从而失去自我，甚至是在它的操控下，而不是按你自己的意愿独立生活。它在你起飞时，也许是你的螺旋桨，但你飞高了，它就是能冲垮飞机的小鸟。一旦你因某种原因失去了它、毁坏了它，你就会一蹶不振，甚至产生痛苦怨恨等不该有的消极情绪，然后，再像多米诺骨牌一样翻下去！孩子，千万要记住！

翻转人生的宝物，只能珍藏在你自己的心里，不可能寄托在任何人或物上！”

“哦！我明白了！”秀晶也含泪点了点头，然后，用极慢极慢的速度把星红宝石掏出来，刚要不情愿地交给老人，却被老人推了回来。

“您改主意了？”秀晶眼睛一亮。

“是，我改主意了。”老人深深地凝望着秀晶，“你刚才的话给我的触动很大，孩子，我没有看错你！这样吧，星红宝石你不用还给我，但我要求你，不，是希望你把它送给最需要的人，就像我送给你那样！”

“奶奶，您这样做过很多次，是吗？”秀晶有所领悟。

“是的。”老人点点头，“我一个人力量有限，但是，如果我帮助的每个人都能帮助其他人，其他人再帮助其他人，这个世界就会变得无限美好！

因此，对幸福最透彻的解读，不是独占，而是分享！不过，分享不是你的责任和义务，而是你在幸福满溢出来后自然而然的选择！如果别人不接受，你也不要强加于人。因为你不能让另一个人改变。人们改变是因为他们自己想改变，而想要设法改变一个人，只会迫使他守住现有的行为，不肯放弃。只有你传送出乐观和希望的振波，和其他理念相似的人产生共鸣时，你才会让这个世界变得更加美好！”

“我全明白了！”秀晶深受启发，把星红宝石小心地放回衣袋，“不过奶奶真有主意，以宝石来代表自强自信，代表不抱怨的决心和信心，一般人还真想不到！”

“这是因为来找我的第一个姑娘，啊，现在该是奶奶了，在珠宝店工作过，是她的创意。”老人说。

“您很年轻就开始帮助别人了吗？”秀晶好奇地问。

“是。我还清清楚楚地记着当时的情景。”老人搂着秀晶，打开了回忆的闸门，“那姑娘和我一般大，中学毕业就结婚了，家庭很幸福。一次，她心血来潮，要全家陪她出去玩，然而回程时发生车祸，丈夫和两个孩子都遇难了！她精神崩溃，痛不欲生，每天魂不守舍地在大街上转，被我看见，费了好大的劲才拉进小屋里，我陪了她两天两夜，以后，她就每星期来找我，像你一样，整整三年！”

“后来她怎么不来了？”秀晶专心致志地听着。

“她没时间了。”老人含着笑说，“她又结婚了，又有了孩子，还拿到了夜大会计系的文凭！我们一直有联系，她现在退休住在开城，我听说，她帮助了很多很多的人……”

“会计……开城……珠宝店……”秀晶的脑海里，忽然闪过珊瑚的话：

“会计阿姨告诉我很多哲理……她退休后回开城了。”

“奶奶，那位会计奶奶，是在蒂芙尼工作过吗？”

“我哪记得什么尼哟！只听她说过，是个世界数一数二，大明星演过电影的珠宝名牌……”

秀晶终于明白，为什么珊瑚的话语，和老人如此一致；为什么珊瑚的笑容，和老人如此相像！

原来，拥有神奇力量的不是宝石，甚至不是不抱怨理论，不是吸引力法则，而是人与人之间最真诚最无私的互助、喜悦和爱。

原来，改变世界，改变人生，只要你和我心手相连。

原来，哪怕是一道细小的涟漪，如果引发回响，也能影响整个大海。

秀晶把头伏在老人的膝上，泪眼朦胧。她一只手拉着老人粗糙而温暖的手，一只手则攥着衣袋里的星红宝石——因为她知道，她拥有它的日子，已为时不多。

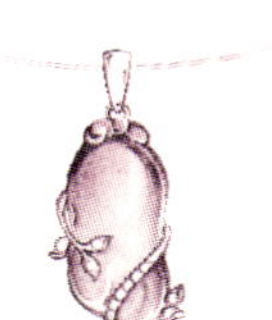

# Part9
# 余音

◇结束，也是开始

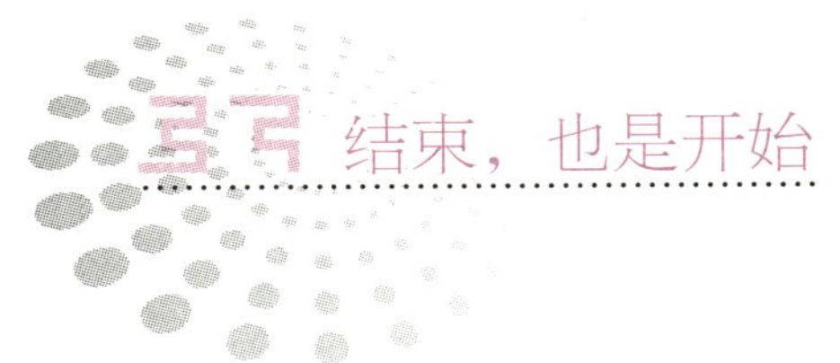

# 33 结束，也是开始

仁川国际机场和往常一样繁忙，宽敞的大厅里，太多的人流，太快的节奏，构成了一个色彩斑斓的万花筒。

但她和他的世界却是私密的、安静的。她似乎有些哀伤，不过也是一副轻描淡写的诗意，像水一样清透，像风一样绵柔。而他，则伏在她耳畔喃喃低语。

“快要登机了，珊瑚姐怎么还不到？”贞雅却在旁边焦急地跺着脚。

秀晶和灿秀依依不舍地分开。

“听你说，那块翡翠原石里面的翡翠很不错，珊瑚工坊，是不是有希望保住呢？”灿秀问。

“它成色好，体积大，很可能价值不菲。”秀晶答道，“然而还须进一步鉴定，不在这几个小时——奇怪，珊瑚姐从不迟到的。”

正说着，珊瑚踩着高跟鞋一路小跑冲了过来。

“对不起……东元电话……耽误……了。”珊瑚靠着柱子喘了一会儿，才说。

“东元怎么了？”贞雅急忙挤过来。

“没事。”珊瑚的喘息渐渐平稳，“他找到宝藏了！很快就回来！”

“太好了！” 贞雅高兴地跳起来，秀晶和灿秀则互换了一个轻轻的吻。

“他要按约定分我一半宝藏，我说翡翠原石里有翡翠，不用了，他说那就算是给珠宝设计公司的投资吧——我刚才好高兴，现在却明白过来，我亏了！我的弟弟妹妹，怎么成了我的老板和老板娘了！” 珊瑚假装埋怨，却是一脸笑意。

“珊瑚姐……”贞雅羞得满脸通红。

“所以，秀晶，你放心地走吧。”珊瑚脸上洋溢着母亲般慈祥的笑容，“我们，珊瑚工坊都等着你！你将是珊瑚设计公司的第一位设计师！玫瑰色大门，永远为你敞开着！”

“是！”即使千言万语，也无法道出秀晶此刻的心情，她松开灿秀的手，整敛衣衫，深深地向珊瑚鞠了一躬，然后，将青金石戒指慢慢地戴在她的手指上。

飞机就要起飞了。

秀晶关闭手机，想到德语教材还放在行李箱里，起身去拿，却差点被一个佩戴旅游团徽章的女孩撞倒。

“我想着不要迟到、不要迟到，还是……为什么连老天爷都和我过不去！为什么连马路都和我对着干？……为什么为什么为什么，全世界那么多人，倒霉的却总是我！” 女孩气喘吁吁、狼狈不堪，一下子扎到秀晶身旁的空座位上。

秀晶上下打量着女孩：

桶状的身材在横纹的大翻领宽肩外套下更显臃肿，窄腿裤本应能弥补外套的缺陷，却被平底鞋演绎得头重脚轻。妆容更糟：深红色的口红毫无规则，更没有考虑到和粉底的搭配，把她本已憔悴的面容映衬得更加蜡黄。

飞机在跑道上滑行，有人大呼小叫，有人指指点点，女孩却面无表情。

“一个人出来旅行？”秀晶问。

“是，回来就结婚。” 女孩神色木然。

“真幸福啊！”

“幸福？”女孩从嘴角挤出一丝苦笑，“那个人我只见过两次，感觉真是……可是他有钱。我父母很早就离婚了，各有各的家，现在工作又不好找……我把所有积蓄都付了旅游费，结婚后，我就不会有自由了……不过这也无所谓，反正我没有爱情、没有工作，没有亲人，总之，一无所有！”

秀晶沉默了许久，终于掏出星红宝石：

“你知道吗，这块星红宝石有翻转人生、帮你实现梦想的神奇力量……”

舷窗外，是蔚蓝而辽阔的大海，海面上，漂着一艘载着乐者的小木船。无论谁从这里经过，都会听到一连串流畅的音符倾泻而出，悠扬婉转，像溪水从山涧流过，又像冬雪流融、冻河冰破、风扫过初春的田野。

Complaint Free

世界500强企业团购率第1名！
畅销全球80国的世界级励志书！

冯仑 唐骏 张德芬 奥普拉 感动推荐

优秀的人，都不抱怨！

▲随书赠送实践卡和不抱怨紫手环，
邀请朋友和家人一同参与21天的挑战

A Complaint Free World

1只手环21天改变600万人的命运！

陕西师范大学出版社 荣誉出品 北京博集天卷图书发行有限公司策划

# 一本轻松改变命运的书

# 幸运的人才能成功

## 日本亚马逊、台湾金石堂、诚品书店励志畅销经典

**超值赠送**风靡日本最权威

**西田幸运指数问卷&开运锦囊**

幸运不是天生的，是设计出来的

**洛克菲勒 松下幸之助 比尔盖茨 巴菲特 马云 史玉柱**

不会告诉你的幸运秘密大公开

让你的人生从此幸运到极点

陕西师范大学出版社 荣誉出品　北京博集天卷图书发行有限公司策划

**图书在版（CIP）数据**

找回不抱怨的自己/（韩）韩京娥著；千太阳，陈曦译.—西安：陕西师范大学出版社，2009.6

ISBN 978-7-5613-4708-9

I.找… II.①韩… ②千… ③陈… III.励志—韩国—现代 IV.B821-49

中国版本图书馆CIP数据核字（2009）第086105号

著作权合同登记号：陕版出图字25-2009-060号

上架建议：励志 | 成功心理学

평범하게 태어나서 보석처럼 사는 여자

找回不抱怨的自己

Copyright©Han Gyung-A (韩京娥)

2007, Printed in Korea

Chinese simplified language translation rights arranged with Joongang books through Imprima Korea Agency and Qiantaiyang Cultural Development (Beijing) Co., Ltd.

ALL RIGHTS RESERVED.

找回不抱怨的自己

作者/（韩）韩京娥

译者/千太阳、陈曦

责任编辑/周宏

特约编辑/格格 辛艳

封面设计/张丽娜

版式设计/风筝

出版发行/陕西师范大学出版社

印刷/北京嘉业印刷厂

开本/880×1230 1/32 印张/7 字数/100千字

版次/2009年8月第1版 印次/2009年8月第1次印刷

ISBN 978-7-5613-4708-9

定价:24.80元